大展好書　好書大展

品嘗好書　冠群可期

大展好書　好書大展

品嘗好書　冠群可期

老拳譜新編36

寫真秘宗拳

姜容樵　著

大展出版社有限公司

策劃人語

本叢書重新編排的目的，旨在供各界武術愛好者鑒賞、研習和參考，以達弘揚國術，保存國粹，俾後學者不失真傳而已。

原書大多為中華民國時期的刊本，作者皆為各武術學派的嫡系傳人。他們遵從前人苦心孤詣遺留之術，恐久而湮沒，故集數十年習武之心得，公之於世。叢書內容豐富，樹義精當，文字淺顯，解釋詳明，並且附有動作圖片，實乃學習者空前之佳本。

原書有一些塗抹之處，並不完全正確，恐為收藏者之筆墨。因為著墨甚深，不易恢復原狀，並且尚有部分參考價值，故暫存其舊。另有個別字，疑為錯誤，因存其真，未敢遽改。我們只對有些顯著的錯誤之處做了一些修改的工作；對缺少目錄和編排不當的部分原版本，我們根據內容進行了加工、調整，使其更具合理性和可讀性。有個別原始版本，由於出版時間較早，保存時間長，存在殘頁和短頁的現象，雖經多方努力，仍沒有辦法補全，所幸者，就全書的整體而言，其收藏、參考、學習價值並沒有受到太大的影響。希望有收藏完整者鼎力補全，以裨益當世和後學，使我中華優秀傳統文化傳承不息。

為了更加方便廣大武術愛好者對老拳譜叢書的研究和閱讀，我們對叢書做了一些改進，並根據現代人的閱讀習慣，嘗試著做了斷句，以便於對照閱讀。

由於我們水準有限，失誤和疏漏之處在所難免，敬請讀者予以諒解。

寫真秘宗拳

尚武進德會編

世界書局印行

國民真魂

褚民誼

褚民誼

為國術開一新紀元

姚蟠伯題

序一

蓋聞黃帝得三芝之圖，跨龍術妙；華君有五禽之戲，伏虎功深，龜息鶴胎，為養生家之秘旨；狼踞鴟顧，實修武者之原基，是以元神托厥形骸，拳術根乎導引。東來此土，達摩直指禪宗；南去滇池，邋遢親傳道訣，成法相初，憑色相培後天始返先天，換骨易筋，制龍蛇於缽裏；伐毛洗髓，明日月於壺中；呾嗟喃哆，少林之密言七字；呼呵嘻呬，武當之內壯五藏。種火宅以生蓮，金剛百煉；成繡針而磨鐵，紫籙千秋，故蜣螂弄丸，自能成白，況真爐進火，寧不純青。雄毅若拔劍張弓，整肅如垂紳搢笏。原夫志之所壹，萬物避焉，神之所至；百骸聽焉，在於學者之日就月將，朝乾夕惕也。乃者斯道已數典忘祖，如魯殿之靈光跡滅形消，若豐城之寶劍，年代牢落，聞見傑池，方卦四隅，華離其黑白，雜組五色，糾錯其元黃，大有游赤水而喪玄珠，登泰山而迷白馬之慨，是須清源窮本，述古研新，持領振裘，懸鏡程物，始得雲開日照，面目見廬山之真；月良波明，珍珠免魚眼之亂者也。

秘宗拳者，象合綿張之太極，源從熊耳之少林，內外相應，剛柔並濟，狀龍蟠而鳳舞，八角含芒；體雲躍而雷奔，五精結炁；拔山扛鼎，異於西楚之重瞳；策霧驂霞，疑似中條之夅女；步鶴蹤於鷲嶺，佛骨仙風；紹薪火於鵝湖，孫傳霍學，今有士焉。

才抗金碧，節弭江湖，握瑾瑜，懷芬芷，絕地理，揆天庭，落落清飆，術繼開中之妙；恢恢韶雅，聲諧都督之和，則吾先生姜容樵其人也。先生恒歎國人，似維摩之善病，醫乏長桑，效寶誌之談經，點頭頑石，化城忽啟，傳來空谷之聲，大道無私，不作名山之秘，編茲《秘宗拳》一書，珠點夕露，如通結之鍼，鐙然曉光，若照幽之燭；授曹溪之衣缽，振太和之宗風；袚飾芳絲，非勾漏枕中之著；掞張貝牒，乃華陽太極之圖；精修成玉格之神仙，勤習證金身之羅漢；惟願煉神、煉氣、煉力、煉手、煉眼、煉心，功兼內外，能敬能信，能嚴能仁，能智能勇，聲震華夷。

中華民國十八年六月　石腮山劍陽子李蠡謹撰

序二

中國拳術，本無派別，特國術家立異玄奇，自闢門戶耳。其自立門戶之由來，即由好事者，以所習之拳，欲見異於眾，而又喜獨樹一幟者，於是派別以起，譬如甲習得彈腿一路，即名為彈腿門，後在彼處學一刀，此處學一棍，不問其刀棍如何，名稱如何，則均改為彈腿門矣。又如少林，最初令一拳一棍，即易筋經，少林棍是也，至近世之技擊家，多所依託，無論任何拳術，皆名為少林派，而少林派之名，遍國中矣。余自供職中央國術館時，鑒於門戶意見之深，曾主張不必分派，惟存其名稱而已，如世所傳大洪拳、小洪拳、八卦拳、太極拳、太祖拳、工力拳、六合拳、長拳、短拳等，習其拳，而不名其派，久則其分門別戶之習氣，即無形化除矣。余所見如是，叩之余友姜君容樵，亦莫不如是。姜君幼承家學，習秘宗藝，乃不自滿足，弱冠出外訪友，專攻形意、八卦、太極各拳，皆有心得，洵幹才也。與余為莫逆交，向主不分派別。其平生酷嗜技擊，到處廣詢博訪，不問遠在千里，必往見之而後快。其好學嗜武，有足多者。去年約集同志，創辦尚武進德會，組織編輯部，主編「尚武叢書」，近第十種。《秘宗拳》出版，索序於余，余深知秘宗拳，為吾邑數百年來遞傳之拳術，其理與法，洵為內家正宗，係孫通大師之嫡系。其與普通秘宗拳有別者，即斯術之不用力，而有內勁，不養氣而氣自貫丹田，上下連絡，動作自然，決無縱竄碰跳之弊，亦無聚氣努力之害。余知斯書一出，其嘉惠學者，豈有涯涘？竊本不必分派，惟求其是之旨，以答容樵，兼以為世之研習斯術者告。

中華民國十八年六月　滄縣王子平序於海上

序三

余於有清末季，遇湯君士林於吾邑。湯君為形意八卦前輩許占鰲先生之弟子，形意太極，均有深造。逾年復遇滄州姜容樵君。姜君擅秘宗藝，復拜張兆東先生門下，專習形意、八卦，並邀余同向湯君習太極長拳，自是互相切磋，晨夕無間，遂訂為莫逆交，迨一年後分手，相約用功。別後十六年，身雖天各一方，而精神仍聚，國術之志向與思想，亦仍為一也。湯君好道，遠遊已久，未得其信息。幸客歲復與姜君聚，差堪稍慰。客春約余加入國技學會，後與李芳辰先生、徐靜仁諸先生各捐私資，創辦尚武進德會。未一載，耗三千餘元。姜君鑒於經費困難，乃主編「尚武叢書」十五種，所得稿費，悉數捐助會中。其熱心毅力，有足多者。茲叢書第十種，《秘宗拳》已脫稿，問序於余。余知斯術信為柔術之上乘，內家之正宗苟能循序漸進，獲益定非淺尠。吾知茲書出版，定能於國術界放一光明，其不脛而走，可操左券，余故樂為書之，敢為海內同志一紹介耳。

中華民國十八年六月　遵化姚馥春序於上海國術分館

自序

余以二十年之廣微博訪，幸遇秘宗藝之能者，十餘人，然求其真能得斯術之三昧者，不過二三人而已，良以斯術易學不易精，且易入歧途。其關鍵全在姿式，毫釐之間；而學者，又率多莽夫，徒以使氣努力為妙用，以鼓胸踢腰為美觀，滯而不化，每況愈下，此秘宗之所以不振也。憶余當十七八歲時，初習斯技，因努力鼓氣，臂腿之間，恒有抽筋之弊，甚至兩腿疼痛，不能下蹲，而其藝亦無若何進步。其時拳術毫無經驗，無從辨別其利弊，幾疑為去浮力換新力之好現象，其實完全錯誤。證之海內同門，凡經過此關鍵者，不知亦深悉其弊耶。及見靜海霍氏之秘宗，亦殆受其弊而不知。後余幾經探訪，得遇羅安縣左君（忘其名），詳論斯術之真諦，繇斯乃恍然大悟，知斯術姿式動作，完全太極；見效之速，又似形意；偶有步法手法，轉輾進退，則又類似八卦。考古證今，固知孫通大師之秘宗藝，決非今日以訛傳訛之秘宗，所可望其項背者。

曩聞吾鄉李寨、王徐莊兩處，有精秘宗者，亦為孫通大師所傳，余往訪之，兩處各有不同，然皆為孫之嫡傳，與城廂之一派，稍有出入，其中全部柔多剛少，無踩腳，無坡腿，旋風腳、二起腳，則更不見，於是群疑盡釋，私心竊喜，還我孫通大師秘宗藝之本來面目，遂編秘宗拳架，以餉同好。

緣秘宗架，為斯術之基礎，進步之階梯也。其餘如大五虎、小五虎，綿掌等拳，容再續編。按此秘宗架之動作，正圖僅七八十幀，因手法、盤花甚多，特加變動式，暨副圖，俾得按圖索驥，不致望而卻步。

至秘宗之源流、名稱，及一切關於秘宗者，均於第一章內詳之，閱者可於是章求之，茲不贅。余因將斯術之易入歧途，及得聞斯術之真諦，著於篇，俾觀者省鑒焉。

中華民國十八年六月廿三日　滄縣姜容樵序於海上尚武進德會

目次

第一章

秘宗藝之源流

秘宗藝者，少林派中一支之總名稱也，亦曰秘宗門、迷蹤門、猊猔門，皆一音之轉也。其中包括秘宗、大刀、單刀、雙刀、單拐、雙拐、棍法、棒法、秘宗練手拳、秘宗豹拳、秘宗大五虎、小五虎、秘宗靠、八折、八打、十八鉤、小進拳、套環散、綿掌拳、二郎棍、三路條、六路條以及大槍術等，不下六七十種。

茲編為秘宗架，係斯術初步必須學習之拳架，故亦名秘宗母拳，蓋非此不能達進階之目的，而有躐等之弊。

斯術創自少林，發明於唐之末葉，至宋之中葉，有富翁盧俊義者，學於少林，得斯術之大成，遨遊天下，雖係外家，而確有天然之內功。當時太極尚未發明，斯術固足以執拳術界之牛耳，博多數之信徒者也。

自後相沿遞嬗，流傳各地，惟無專書考證，增添改減，不無失真。迨清康熙末年，有魯人名孫通者，學藝少林，藝成雲遊各省，隱於滄州鄉間，授徒為業，遂家焉，至道光間尤健在，而滄州為最大之一支，至今全縣盛行之秘宗派，皆孫之嫡系也。晚年嘗遊東三省，復授徒於天津衛南窪、靜海之鄉間。

聞霍元甲君之曾祖，係孫之弟子，其言確否，詢之霍氏不難證明；蓋霍氏所傳之全部刀棍拳棒，動作名稱，理法功用，皆與孫氏所傳完全相同，其為秘宗之正宗也明矣。考秘宗藝在大江以北之勢力，至大且廣，各省各縣隨處皆是，即今之國術名家，多有曾習斯術者，故秘宗之源流，由來久矣，特述之如上。

秘宗藝之名稱考

秘宗藝其名不一，以余所知約有數種，而數種名稱，又皆各有由來。斯術在北方極盛行，無論何省何縣，凡治技者，尠有不知秘宗藝者。秘宗藝又名迷蹤藝，亦曰猊猔藝，皆為一音之轉，其得名之由可以考見。

據孫通大師傳留滄州全境者，統曰秘宗，分兩支，下窪一帶皆曰秘宗架、燕青拳；城廂附近，則為燕青架、秘宗拳。其所以名秘宗者，據傳者謂，宋之盧俊義，學於少林，得斯術之大成，而家富有，不以技傳。有名燕青者，嗜拳技，聞盧名，苦不得其傳，傭於盧家若干年，藝成同入梁山泊，故今之兗州、濟寧、青州各地，仍直呼為燕青拳；至北省呼秘宗者，因燕青為梁山之寇，恐無以照示後來，故曰秘宗，即秘其宗派之意也。若靜海霍氏，及天津衛南窪一帶，則用迷蹤以代之，謂年湮代遠，已迷傳者之蹤跡，無從考察為何人所發明，故曰迷蹤。

又一說，燕青傭於盧家，藝成而去，行時適雨雪，燕青懼為追者尋蹤所獲，以兩足退後倒行，以兩手摸雪以迷足跡，是為迷蹤。

二說未知孰是，要皆據為燕青所傳無疑矣。惟最後一說，曰猊猔為最有根據，亦最可信，錄之以告海內治技之同志，其能表同情乎？

據稱猊猔之說，係唐季少林僧某，為達摩祖師若干世嫡系，訪道於某地，見有猴類，曰猊猔者，群鬥於山麓，彼來此往，純任自然，又見一老猴作婆娑舞，凝氣斂神，剛柔相濟，歸有所悟，遂發明猊猔拳架（即今之秘宗架）、對戰靠打（即今之秘宗合戰靠打是也）。迨由盧俊義，傳與燕青，以至後世，遂經歷次輾轉，或乎之為秘宗，或呼之為迷蹤，其實皆非燕青所創，又何用諱莫如深？清季重文，治技者，苟不尋其由來，又何能辨其為秘宗、迷蹤、猊猔耶？

秘宗藝之支派異同

秘宗藝之源流，秘宗藝之名稱考，既如上述矣。惟吾國之國術，省與省殊，縣與縣別，師生各異，門戶自守，同為一宗，而拳劍各有懸殊；皆為師傳，而功用亦各自不同，引亦國術極待整理而改進者也。在昔太極、形意、八卦，尚未發明之先，秘宗拳於國術中，實占最重要之地位，而能代表太極者。因斯術在北數省，名家鉅子，隨處可見，無論治技者，與否，亦尠有不知秘宗、燕青拳者。顧斯術，早已失卻本來面目。吾敢斷言，余因斯術，頗負美譽，知其絕非今日治技者所授之秘宗可比，遂不憚煩難，訪求十餘年，歷數省，經二十餘縣，幸得斯術之三味，深覺其中能有三四成是處者，則仍推滄州一派；若靜海霍氏，亦僅止一成，其餘則等諸自鄶以下無譏耳。此就根本之秘宗架言，若其他秘宗派之雜技，亦確有勝於昔者。

茲將斯術支派之優劣分疏如下，滄州分兩派，秘宗架較各省同門之秘宗架為優，能有古昔四成，不失柔術上乘，餘如十八勾、單刀拐，皆不失真，至練手拳、綿掌拳、秘宗靠，皆無一顧之價值矣。靜海青縣之兩派，綜其各技，僅有秘宗一成。天津衛南窪，與天津城之兩派，較靜海青縣之兩派稍優，然不過得柔術二成。河間、獻縣、任邱，秘宗架弱於滄州，其餘均在伯仲之間。魯之德州、青州，純剛不柔，名為秘宗，而實無一技。青州呼為燕青神捶，其俚俗已達極點。兗州、濟寧、汶上，約有數派，皆為秘宗，其拳架與滄州一派，完全不同，雖多用馬樁，實較天津、靜海，兩派為優。而該三處，獨有異於他處近於古昔者，厥惟八趟秘宗合戰，又名八趟燕青靠，不惟各地習秘宗者，望塵莫及，即其他宗派之合戰，亦從未見若是之精妙者。

民九遇一人，因訪求秘宗之真傳，曾赴滄州為人傭工五年，凡秘宗派，山東所無者，伊均飽載而歸，惟伊之八趟秘宗合戰，曾未交換其一，蓋伊始終不肯，以技自炫耳。惜余已忘其姓字。

民七《新申報》，刊載燕青拳，編者係唐姓，觀其演式，宛似天津靜海之一派，其椿法又似山東派。今海上頗有精此者，然皆非正宗，惟精武霍氏遺傳仍存少許之古派耳。

論秘宗與太極相同之點

秘宗拳在最初發明之時，其技確為柔術上乘，內家正宗，其姿勢動作，理法功用，無不與太極拳息息相通，顧斯術傳者，偶一不慎，差毫蟄謬必千里，於是愈趨愈下，迨至今日，不惟已入歧途，且變為市井俚俗外家之末技，良可慨也。

余訪求十餘年，境得斯術之顛末，凡余所得，知無不言，茲將斯術之真傳，與太極相同之點和盤托出，以證秘宗藝，固非尋常拳技所可同日語者。

正宗之秘宗拳架，演式時，如回翔之鳥，動作不停，偶或左手停，右手不停，左足雖止，右足仍動，惟定式稍有分別，若太極無定式，或有此式停住，而意仍未停；秘宗之易入歧途，亦即此一剎那之時間耳。

秘宗拳架之養氣者，全在兩種步法，一為提踵子午步，一為金雞獨立步。此兩種步法，能拿住丹田之氣，如兩手掛物然，緩緩而下氣不外溢，此亦秘宗獨異於普通拳術者。至若兩腿兩胳膊之高矮部位，沉肩墜肘，全不用力，而實有內勁含於中；一奇一正，彎曲不直，又能蓄神顧於外，太極所謂不動如山，動如雷霆，長進未定，沾粘不脫，斯術兼而有之。惟斯術易不學不易精，因演式時，內有吃力處，學者苟無恒心，往往半途而廢；一旦功成，其不可思議處，較之太極直有過之無不及者。蓋秘宗至此化境，實非易事，以余所知，不過二三人，因斯術不若太極之愈練愈有興趣，欲罷不能耳。

論秘宗天然之內功

拳術中之有內功，以余所知者，為太極、形意、八卦，除此三派而外，其他拳術宗派，或亦有內功者，然均係專習，與拳術毫無關係，所謂拳術自拳術，內功自內功，各不相屬，分道而揚鑣者也。惟秘宗拳架中，**卻有天然之內功，然此為最初之正宗**，若今日之習秘宗者，不惟毫無內功之可言，且不知秘宗拳架之內功在於何處，以致每況愈下，秘宗傳之明證也。

藝直無一顧之價值，甚且流入江湖末技，此近代秘宗藝之流弊，而失真

余今即以秘宗架之開門數式，證明斯術之內功，並可知斯術容易入於歧途之由來矣。真傳之秘宗架，其立正姿式，與太極拳之立正姿式，無不相同，堅項頂勁，垂肩含胸，舌抵上齶，下頦後收，丹田後吸，提肛如忍糞狀，混混沌沌，空空洞洞，此非靜之則合之無極式耶？以下動之則分，豈非無極而生之太極式耶？第二式，兩手緩緩平起，沉肩墜肘，接第三式；兩手翻而朝上，緩緩落下，再起至肩平，接第四式；兩手落至腹部，再往前推，握拳後，落至兩胯，再往上提。此數式連貫一氣，雖僅兩臂活動，而全身意思亦莫不隨之而動，雖不用力，而實處處有力；雖不蓄氣，而實全身運氣，且易生長內勁。此即斯術天然之內功，亦即全部之精采，學者所亟宜遵守者也。若近世之習斯術者，一味

蓄氣努力，入於歧途下乘，皆基於此；不惟毫無內功之可言，且有百害，而無一利。其弊當於「論今昔之秘宗藝」中詳述之，深願對此極應注意之秘宗天然之內功，幸勿滑口讀過。

論今昔之秘宗藝

秘宗拳至於今日，雖仍盛行於北數省，然因形意、八卦、太極之競爭，斯術已無相當之聲譽，且已淪入外家之一派。余為斯術惜，惜其今不如昔也；復為斯術懼，懼其日久混淆也，乃廣搜博求，以證今昔。考秘宗在初發明時，名猊猔，（已詳見上）乃取物象形之意。在此時代，斯術為柔術上乘，內家正宗，可無疑矣。

因最先之習秘宗，全部拳架，由首至尾，共百餘手，純任自然，毫不用力；升進未定，往來不停；雖斜而正，似拗而合；不用真力，而有內勁；不蓄氣聚氣，而氣貫丹田；似直而曲，雖伸而縮；上下縱橫，聯絡一氣。演式時，汗流浹背，而呼吸自然，絕無大氣出口，此余由實驗得來，故敢為有力之證明。斯術與太極稍異者，即步法與接筍處之定式耳。惟斯術較太極易入歧途，是皆無專書參考之弊。秘宗之真像既如此，秘宗之易入歧途又如彼，是**應斬釘截鐵**，揭**發其弊**，而刪去之；闡揚其長，而擴充之。

茲將近代趨於下乘之由來，錄之以告海內同志。按吾國在重文輕武時代，文人墨客，不屑談武；而好武之人，大都村野莽夫，目不識丁，無從研究**理法功用**，動輒以力自炫，殊不知拳不用力，伊必努力矜奇誇耀於眾，即以上開門數式，足以亡斯術於無形；立正全身用力，捲起臂部，踢腰鼓胸，縮頸聳肩；第二式，兩臂挺直，聚氣努力，探身瞪眼，接三式、四式，兩肩既已高聳，兩肘復高於兩肩，盡力鼓胸，踢腰探身，兩腿兩足，以及全身，均用力至十二分，以聚氣為妙用，而氣滯之為害，全不顧及。此等姿式，在不知者觀之，且疑為大力士，實**乃吹氣之皮球**，氣**浮中**虛，著**手騰空而起**，尚何內功之可言，所謂墮入旁門，便是外家，以一例十，此吾道之所以日孤也。

論靜海霍氏之秘宗藝

靜海小南河村，為國術名家，霍元甲君故居。霍氏以秘宗藝名天下。清光緒末年，余客津沽，即耳其名，惟未識其人，及其技之造詣若何，迨聞其為人慷慨好義，心尤嚮往，後多方探詢，悉其為家傳秘宗藝，或有謂其曾祖某，係孫通大師之弟子，是否孫傳，則無從考，惟有可證者，即霍氏之拳、刀、棍、棒，名稱動作，皆與孫氏所傳完全相同。且據余叔言，孫氏晚年，授徒於天津衛南窪，暨靜海兩處十餘年。

若然者，霍氏之秘宗藝，殆為孫氏嫡系無疑矣。

或有問於余曰：霍氏以秘宗藝名於天下，其藝較之古代之猊猔究何若？

余曰：霍氏之為人，慷慨激昂，所交皆少頃內知名；其品格，其抱負，實足壓倒一切；其國術知識，在在高人一等；其藝之精到，亦為常人所難能，自兩次戰敗外人後，益好學不倦，洵為國術界之人材，為提倡國術之有心者。

惟聞諸國術界之先覺云，霍氏所學，皆近代之秘宗藝，而非最古之猊猔藝，似乎偏於一方。霍氏對此，亦頗自認，且不恥下問。可見霍氏之肯虛心，能容納，固非世之以一得自矜者所能及其項背。甚願吾國國術同志，急起直追，步霍氏之後塵，使國術大放光明也可。

第二章

秘宗拳之要訣

秘宗之流，名稱、支派、內功，及今昔異同之點，已詳載於上，惟是術尚有用法十六字，尤為全書之關鍵，而不容稍忽者也。所謂十六字，即抱、靠、拗、粘、捲、提、跨、彈、擄、拿、拎、托、截、捽、擠、攔是也。

由此十六字，默識揣摩，生化不已；或進或退，或剛或柔，或明或暗，或虛或實；或彼由上來，而我用下襲；或彼由側進，而我用斜迎；或攻破彼之架勢而進襲，或測透彼之虛偽而逆取。

凡此種種，迨至三步功夫完成，達於化境，自能氣歸丹田，手足百骸，欲進則進，欲退則退，每至極危險處亦能化險為夷，所謂人不能知我，我獨知人，隨機變化，無不從心所欲也，茲分疏之。

抱

以手暨胳膊，挾持敵人頸項臂腕腰胯胸腹各部，皆曰「抱」；然非拙力摟抱。拳架中此字頗廣，細心默會，即可得之。

靠

吃住敵人手腕臂膀各部，使貼我之身旁；或吃住敵人各部，我依就敵身，進行第二步襲擊；或已各異住敵人，我自身兩肘抱肋，兩手緊貼胸腹各部，以免敵人趁虛而入，皆曰「靠」。

拗

凡右腿左胳膊，或右手左足在產有，或上下襲敵，皆曰「拗」。

此「拗」字用處極廣，練法亦極多，為秘宗藝不可少之要訣。參觀講義中，便可得其概要。

粘

沾住敵人身後各部，亦步亦趨，纏粘不脫，曰「粘」。此字太極拳內用法很多，斯編秘宗架中，此字用法與太極完全相同。

捲

凡用兩手捋住敵人手腕，無論上下左右反拿，皆曰「捲」。

提

無論左手右手，刁住敵人手腕，或其他部份，攙挈前進，撕拔往上，皆曰「提」。以左足或右足懸起，趁機襲敵，亦曰「提」。

跨

凡手足越進敵人之部份，曰「跨」；乘架敵人身腰各部，或用兩股擊敵，皆曰「跨」；胯打，亦曰「跨」打。

彈

以左胳膊，或右胳膊掃出敵人擊我之手，或足，曰「彈」；敵人抓住我之身腰手足各部，我用手掃開，亦曰「彈」。惟用時胳膊須彎曲，始有「彈」力性。

擄

順著敵人胳膊，向左，向右，向後捋勁，曰「擄」。粘住敵人胳膊手足各部，隨其攻進而退亦曰「擄」。

拿

扣住敵人兩足、兩手，或胸腹肩窩，以及腕肘腮喉各部，皆曰「拿」。

拎

抓住敵人胳膊或手腰肩肘各處，往上下左右前後「拎」去，使敵人不得中正，偏向側門，皆曰「拎」。

托

托住敵人之手或肘，往高掀「托」，或平推「托」皆曰「托」。

截

我之胳膊手斜出，揬住敵人之手足胳膊腿各部，皆曰「截」。

摔

由上向下猛擊，曰「摔」；由左右側向下猛擊，使敵跌仆，亦曰「摔」；買住敵人腿部，顛仆敵人於遠方，或趁勢擲敵於左右後方，皆曰「摔」。

擠

以身手各部，貼近敵人身手各部，趁勢擁其後退，曰「擠」；或趁敵人撤退，就其力擁之，使敵站立不牢，向後仰跌，亦曰「擠」。

攔

敵人以手足擊我，我即用手足擋住，使敵逢離中門，如直出、斜出、研肘等法，皆曰「攔」。

秘宗拳必須如此之姿式（註：應為「姿勢」，以下同，不另註）

秘宗架中，有必須如此之姿式，偶差毫釐，即謬千里。余嘗見技師，含糊其辭，以聽學者自習，欺己誤人，莫此為甚，以訛傳訛，致其技有百害而無一利。若此者舉目皆是，更何藝術之可言？惟此等關鍵，傳者不道破，學者終不能得其訣竅，然道破又極易明瞭。

茲將各姿式之必須如此者，並近世錯誤者，約略言之。如第二圖，近習斯術者，只求美觀，不惟兩手高於兩肩，甚至兩肘掀起，亦高於兩肩，肩聳氣旋，實入外家。合法者，兩肩下垂，兩肘再下垂，成斜坡形，其氣自歸於丹田。此必須如此之姿式也。

如第五圖，近世均以右勾羅手高於肩，左盤肘又高於肩，此入歧途之錯誤也。若以右胳膊斜後下垂，成坡形，左盤肘低於左肩五寸，兩肩既垂，且扣緩緩落下。

至第六圖，此動作頗吃力，然善能養氣，此又必須如此者也。若第七圖，左肘高於左肩歧途也。左肘低於左肩，合法也。第八圖，左胳膊挺直，拳高於肩歧途也。左胳膊彎曲，沉肩墜肘，拳低於肩，合法也。

第十五圖，右胳膊向前挺直，左胳膊身後挺直，右拳左掌均高於

肩，歧途也。近世習斯術者，於此等姿式，甚至左手亦向前伸，與右手遙遙相對。余無以名之，名之曰國術破產，須知此等姿式。

如十四圖，獨立尚未突拳為奇，第十五圖落地突拳為正，每起落既有奇正相生，而天然之六合俱備焉。凝神斂氣，垂肩含胸，豎項貫頂，丹田後吸，此合法之姿式也。以此類推，斯術如得其傳，自有奇正內外六合。自始至終，無一式拳，高於肩，無一式胳膊挺直，無一式蹋腰鼓胸，無一式努力鼓氣，此秘宗藝之所以獨樹一幟也。

或有問於余曰：霍元甲氏，以秘宗藝名於天下，其拳頗剛勁，未知何若？余曰：霍氏之秘宗，與余同出一門；而霍氏之各拳，於發達臂膀肩肘手腿各部，為最速，較之其他各派有過之無不及。其所以發達之故，無論拳足一發無餘，雖易發達各部，然其力近於浮，且多居外部，如此奇正既無，內外皆不能合順。

今以十五圖，與九十四圖、九十五圖三式，證明秘宗之真諦，當知其術與太極、形意、八卦，實不謀而合者也。此三式，為本編中普通之三定式，均為提踵子午步，後足實，前足虛，重點移於後腿；丹田後吸，順項貫頂；身微傾，兩胳膊前後斜伸，如張翼為助；心與意自然相合，意與氣，氣與力，亦無不合也，此內三合也；外三合，右手左足合，或左手右足，左手左足，右手右足，亦均無不合，肘與膝上下相照，是為肘與膝合，肩似斜而正，前後自然胯合，是為外三合。斯術之特長，即每一定式，除奇正相生外，均為天然之六合，此秘宗必須如此之姿式也。

秘宗拳之手眼身步

秘宗拳架之**手眼身**步，與太極、形意、八卦、之**手眼身**步，不謀而合。茲將斯術之手眼身步，約略言之。

秘宗之手法，有雲手、盤花手、擄手、捋手、按手、挑手、棚手、擢手、推手、牽緣手、斜砍手、穿掌，豹爪掌（即五指彎曲如抓圓球式）、柳葉掌、勾羅手、陰陽掌、荷葉掌、空心拳（即握拳不牢中心微空）、崩拳、順拳、橫拳等，各有用處，均詳於講義中。

秘宗之眼法，有單練眼法（另詳）。關於演式時，有隨左手觀者，有隨右手視者；有俯視者，有仰視者，皆就演式之動作而定。雖定式載明，雙目平視某處，而演習時，仍須隨其姿式而轉動，不惟此秘宗拳然，即各種刀劍器械，莫不皆然。

斯術之身法，有立直者、前傾者、後仰者、左右斜側者；有擰身摔腿者；有足不動，而回身者；各種身法，不一而足。然無論其身法若何轉動，而其丹田後吸，拿勁如搿物則一，但非聚氣，亦非閉口。此秘宗之身法，亦莫太極、形意、八卦，相同者也。

惟秘宗架之步法，則較各派之步法為夥，因斯術腿部之功夫，誠有異於普遍拳術者，以**提踵子午步**、為最廣，亦最難練。併攏立正之姿式不多見，有之亦多兩足分開。獨立步，均**與提踵子午步相連**，蓋由**獨立步落地**，即提踵子午步也。

餘若弓箭步、刂字步、丁字步、丁字拗步、雞步、馬步、八字步、倒八字步、錯宗八字步、單邊步、坐盤步、跺腳步、跋步、坡腿步、行步等，無不應有盡有。

惟竄**跳縱碰**之步法斯術闕如，因前竄後跳，最易傷肺、傷氣且此等動作，完全市井外家之學，難登大雅之堂，茲謹錄秘宗之手、眼、身步，以告海內外同志。

秘宗拳之口舌心齒鼻

口、舌、心、齒、鼻，為國術演式時，最應注意之要事，學者往往忽之，此所以易入外家也。

演習時之口，似開非開，似閉非閉，由牙縫亦可呼氣，以鼻孔呼吸為最合宜。口功亦可獨習，獨習行功，與演拳行功相同。

㈠、口中微微呵出濁氣，隨時以鼻吸清氣嚥之；

㈡、睡時，閉口能使真元不出，邪氣不入；

㈢、口中焦乾，口苦舌澀，須以津液嚥下，然後呵氣，以祛喉痛，療熱疾，或口中津液冷淡無味，宜吹氣溫之，冷即退矣。

舌功於演式時，須常裹津液嚥下，無論何時，牢記舌抵上顎（齶），津液自生。再以舌尖由口內鼓漱若干次，吞而嚥之，灌溉臟腑；心功要隨意轉，常常照應。演式時手足所至，注意及之，即手足未動，而意已先動。心為一身之主宰，心所嚮往，手足始聽命前往；心不發動，決無手足先往之理，故手足實五營四哨之先鋒也。

心功獨習時，先冥心息思慮，絕情慾，固守神氣。氣功於演習時，最宜常叩，無論何時，不得隨意開合。獨習時，叩齒三十六遍，以集牙神。小便時叩齒，緊咬牙齒，除齒痛。

鼻功與演式時，自由呼吸，不可閉氣，更不可蓄氣，《內經》曰：陽氣和則滿於心，出於鼻，故為噴嚏。獨習以兩拇指背擦熱，指鼻若干次，能潤肺。

平常呼吸要均，擇清靜之房屋，或新鮮之草地，盤膝而坐，兩足心朝上，以鼻吸清氣若干次，再以鼻呼出炭氣若干次，吸時緩緩入於丹田，能療身熱背痛，及一切雜疾。

口、舌、心、齒、鼻之行功，不惟秘宗拳為圭臬，即無論何種拳術，行之無不相宜，學者幸勿滑口讀過。

六字內功效驗歌訣

春噓明目木扶肝　夏日呵心火自閉
秋呬定收金肺潤　冬吹水旺坎宮安
三焦長夏嘻除熱　四季呼脾土化養
切忌出聲閉兩耳　其功真勝保神丹
噓屬肝兮外主目　赤扇昏掌淚如哭
只因肝火上來攻　噓而治之效最速
呵屬心兮外主舌　口中乾苦心煩熱
量疾深淺以呵之　喉舌口瘡並消滅

呬屬肝兮外皮毛　傷風咳嗽痰如膠
閉塞心竅須開放　頻呬噴嚏鼻中流
吹屬腎兮外主耳　腰膝酸痛陽道痿
微微吐氣以吹之　不用求方需送陧
呼屬脾兮主中土　胸膛氣壯腹如故
四肢滯悶腸瀉多　呼而治之復如故
嘻屬三焦治壅塞　三焦通暢除積熱
但須六字以嘻之　此效常行容易得

以上六字，因疾行之，疾癒即止。某處有疾，以某字行之，不必俱行，恐傷無病之臟。能依法行之，實有奇效，故並載之。

七傷切忌法

久視傷精

目得血能視，精由血化，故傷精。

久臥傷氣

臥時張口散氣，合口壅氣。《混元經曰》：睡則氣滯於事節，覺與陽合，寐與陰併；覺多則魂強，寐久則魄壯；魂強者生之人，魄壯者也孔之徒也。

久坐傷脈

脈宜運動，久坐則不舒展，故傷脈。

暴怒傷肝

肝屬木，怒如暴風動搖，故傷肝。又肝主血，肝傷則血不榮，必筋痿。

過悲傷肺

肺屬金，主聲音，悲哭久則聲啞，故傷肺。

多唾傷津

津生於華池，散為潤肺臟，唾則損失，故傷津。又《訓典》曰：津不吐，有則含以咽之，便入精氣，留而自光。

多交傷髓

人之陽拘脈可貫通，及慾火動而行事，撮一身血髓，至於命門，化精以洩。不知節慾，致骨髓枯竭，真陽無寄，如魚之失水，以死。此條為練習國術者，絕對切戒。

內功陸地仙歌

淡食能多補　塗搓自助顏　運睛除眼疾　掩耳去頭旋
叩齒牙無病　兜捺治傷寒　鼓呵消積聚　膝風磨湧泉
猿背和血脈　熊經免痰涎　愛惜精與氣　子午固關元
托踏應無病　三眠魂自安　飲食必節制　起居要慎焉
多行陰隲事　少作身後冤　遵行勿間斷　可為陸地仙

秘宗拳古歌

秘宗拳在昔時，有最古口歌一篇，治技者以此傳授生徒，津津自得。余欲保存其真，故並錄之。

歌曰

秘宗母拳得相傳　金剛亮背力無邊　前竄後縱捉猛虎
烏龍入洞把身翻　葉裡藏花人難躲　起步落地穩如山
雲手盤花穿堂腿　提足墜肘上下觀　前有揪地龍進步
後行高頭馬連環　閃轉跟進佛腰勢　秘宗拳架占中原

秘宗拳長歌

秘宗拳首開門式　葉底藏花預備始　丹鳳別翅忽變動
魁星獨立隨後起　下摟手後白蛇伏　燕子攢天復抄水
白鶴伸頸神煥發　拗步聽風敏若此　退守三關精內藏
周公問津態可喜　右擄手後青蛇伏　凡鳳亮翅顧首尾
蝴蝶穿花深深見　探囊取物反掌耳　左右雲手斯術長
進步盤花要徹底　白猿坐洞態安詳　摟膝抱樁勢向裏

落步盤花懶鶴立　手眼身步銳莫比　捋手按肘氣內斂
進步踹膝慎舉止　神龍探爪敵外防　桃源得路此其是
更有漁郎來問津　內家方知有至理　左擄手後蛇伏地
丹山起鳳要重視　以下數式與前同　慎毋反為外家鄙
右擄手後黑虎坐　側人指路鵬展翅　三步行步鳥朝鳳
順步照陽練神氣　太極補心慎莫忘　雙攬雀尾有獨至
魁星獨立更稱奇　左右鶴行守位置　懷中抱月多含蓄
猛虎捽尾使猿臂　蓋捶鬥拳奇正生　同舟共濟剛柔寄
太極補心三式同　馬步邊扣回披紅　獨佔鰲頭足壓敵
蒼龍探爪見雄風　插花托槍蛇尋路　對面相還手不空
太極補心攬雀尾　獨立探馬何雍容　走馬活挾好身段
拗步橫擺奪天工　右擄手黑虎坐洞　仙人指路此式終。

秘宗拳第三章、第四章路線圖

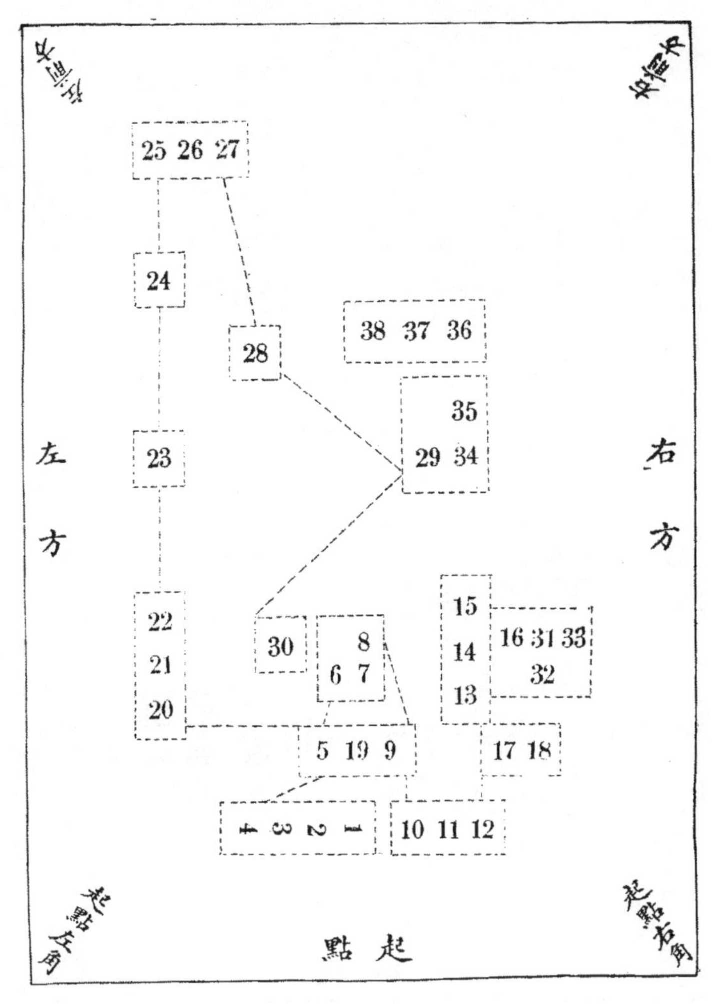

秘宗拳第五章、第六章路線圖

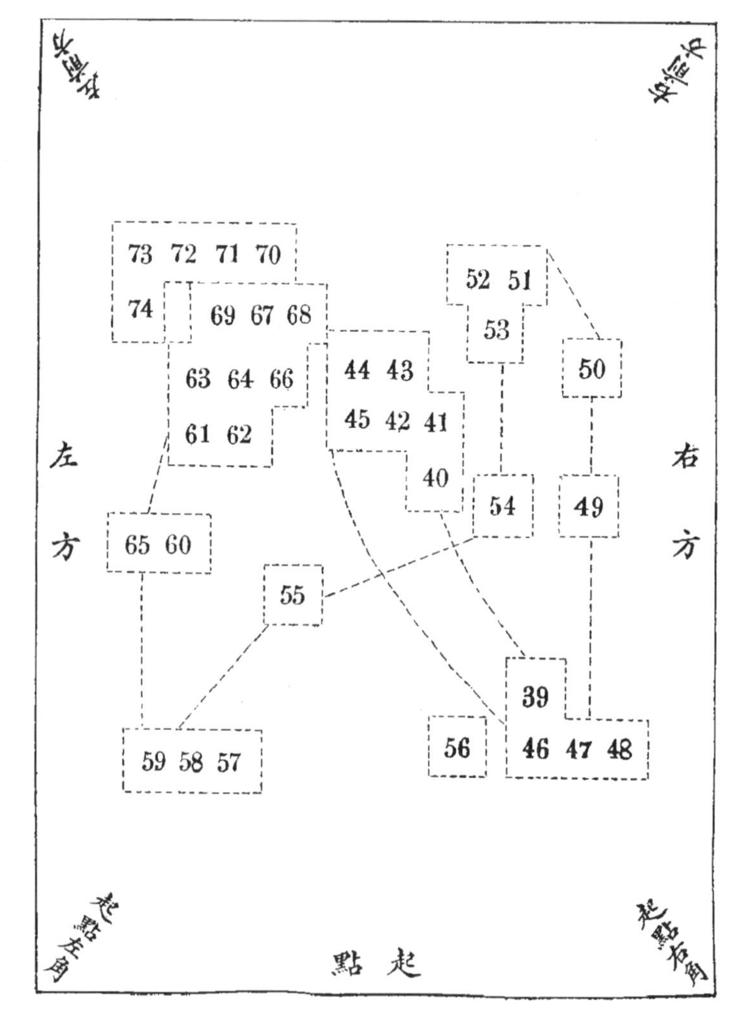

秘宗拳第七章、第八章路線圖

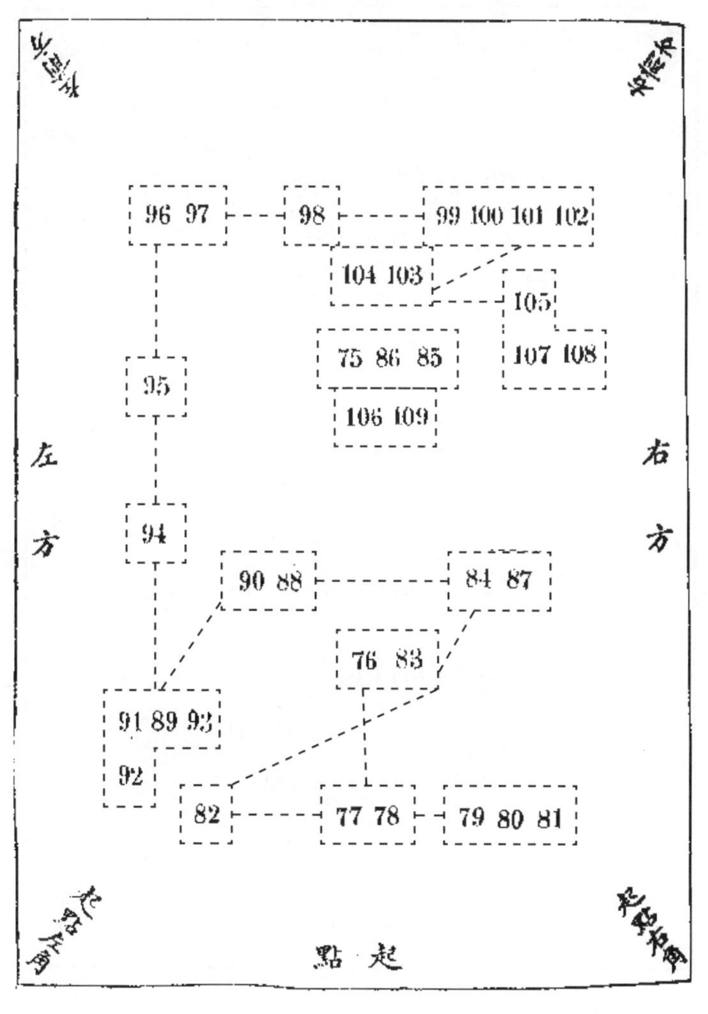

秘宗拳第九章、第十章路線圖

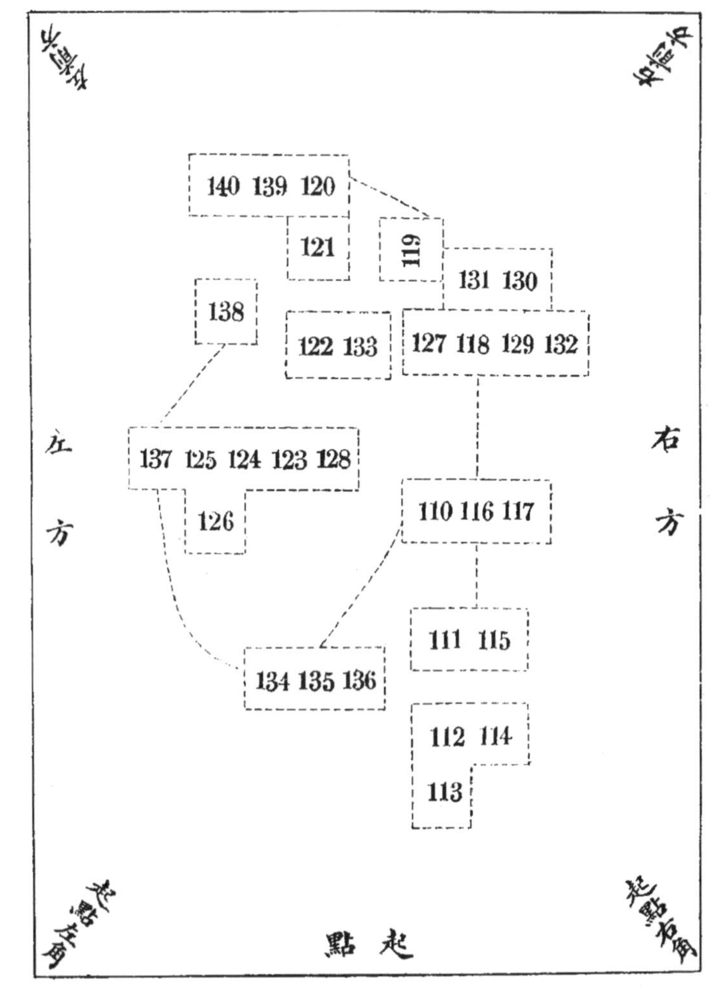

第三章

開門式　第一動作

第一圖　開門式第一動作

先由上手起點，身體面目俱向右方直立，兩足距離約一尺，成刂字形，兩足尖向右方（起點右面），兩足踵向左方（起點左面）。兩胳膊下垂，由面前朝上緩緩平起，兩手心均朝下，兩手背與兩肩平，肱微曲，肘下垂，兩手距離較兩肩稍寬一二寸，十指彎曲，虎口要圓，如抓圓球式。

頭要頂頸，項要豎勁，丹田要抱，下頦後收，雙目平視右方（起點右面）。其式如第一圖。

開門式 第二動作

承上式，兩足不動。兩手心翻而朝上，往下緩緩落至兩腿旁邊，再由身體兩旁（即左右）朝上高起，兩手虎口貼靠兩肩停住，兩手心均朝外，兩手掌往後仰勁，兩肩下垂，兩肘極力往下，低於兩肩六七寸；萬不可高，高則氣浮，兩肘似有向兩肋抱勁的意思。丹田吸勁，頭要頂勁，項要豎勁，身體面目仍向右方，其式如第二圖。

第二圖　開門式第二動作

第三圖　開門式定式

開門式　定式

承上式，兩足原地仍不動。兩手掌向面前平著推出，推至兩胳膊似直不直時，兩手同時握拳，拳心要空，再落至兩腿旁邊，順著腹部朝上高提，提至兩乳下方停住，兩拳背朝外，兩拳眼朝上，兩拳緊貼胸部。

同時扭項，目視起點前方（起點正前面），丹田仍要抱勁。其式如第三圖。

葉底藏花

左足微橫，右足向左足後偷一步，兩足距離約一尺，成錯綜八字步；同時，身體極力下蹲，兩腿亦極力彎曲，右膝蓋抵於左膝彎裏端。

兩拳變掌，左胳膊弓屈，左掌高於左肩，左掌心對面部，距面部一尺餘；右胳膊貼胸，右肘抱肋，右掌貼近左肩裏端，右手心朝上，作預備穿掌式。

扭項回首，雙目仍視前方（**起點正前面**）。其式如第四圖。

第四圖　葉底藏花

丹鳳別翅

第一動作

右足不動，左足提起，足尖下垂，足蹠引向右膝。同時右手掌往上穿，穿至顱頂上方，變為勾羅手（勾羅手即五指互相壓捏極力往後勾勁是也），向身後斜伸，成坡形，切不可高於肩，高則傷氣；同時左手掌順著右肘外方，往下按經過腿部，直向前方（起點正前面）擢出，擢至於肩平時，握拳，屈回貼於胸口，拳眼朝裏，左肘斜向下垂，低於左肩四五寸，距左膝亦四五寸，切不可高，高則百弊叢生。丹田後吸，氣不外溢，扭項回首，目視前方（起點正前面）。其式如第五圖。

第五圖　丹鳳別翅第一動作

丹鳳別翅 定式

承上式，左足緩緩落下，至前方足尖踸地，足踵提起，兩足距離一尺四五寸，右足橫，足尖向右前方，左足順，身體重點移於右腿，成提踵子午步。

第六圖　丹鳳別翅定式

同時，左拳直向前方（起點正前面亦即身體前面）突出，拳眼朝上，與左肩平，肱微曲，肘下垂，左拳與左足上下相照，左肘與左膝上下相照，右胳膊在後微低。

丹田抱起，身體極力下蹲。頂項豎，雙目平視前方（起點正前面）。其式第六圖。

魁星獨立 第一動作

左足不動，原地落實；右足提起，足尖下垂，足蹠引向左膝。同時，右手掌由右胯向後擄回，再由身後向上，置於顱頂上方，距頭七八寸，手心朝上，適成一由前至後豎直之圓圈，右胳膊弓屈，手虎口要圓；同時，左手拳屈回貼近左乳，拳眼朝上，左肘斜下垂，低於左肩五六寸，切不可高，高則傷氣，左拳與右膝，距離約一尺。

丹田不可散勁，頭頂項豎，身體面目，俱向前方（起點正前面）。其式如第七圖。

第七圖 魁星獨立第一動作

第八圖　魁星獨立定式

魁星獨立　定式

承上式，右足向前方緩緩落地，足尖觸地，足踵提起，身體下蹲，重點移於左腿，兩足距離一尺四五寸。

同時，左拳向前方突出，拳眼朝上，與左肩平，胳膊微屈，肘下垂，左拳右足上下相照。

身體隨著左胳膊引長，丹田極力後吸，右手掌仍置顱頂上方。雙目平視前方（起點正前面）。其式如第八圖。

下摟手

右足向起點退回一步，兩足距離二尺餘，兩足尖均向右方（起點右面），兩足踵均向左方（起點左面），兩腿彎曲，成馬步樁法。

同時，右手掌由上向下，再向後按回，手背朝上，距右胯一尺餘，與右足上下相照，右肩下垂，右胳膊要圓；左拳變掌，手心朝上，與頭平齊，距左耳一尺餘，五指分開，手虎口要圓，左胳膊弓屈，肩肘俱有下垂。

丹田後吸，雙目回視右手（即起點）。其式如第九圖。

第九圖　下摟手

白蛇伏草

左足由左方（起點左面）退回起點一步，兩足尖均向左方（起點左面），兩足踵均向右方（起點右面），兩足距離二尺五六寸，兩腿彎曲，身體下蹲，成正刂字馬步樁法。同時，左手掌隨著左腿，向起點回按，手指手虎口均朝裏，距左胯七八寸，與左足上下相照；右手之部位，與左手完全相同，亦與右足上下相照。

兩肩均要下垂，兩胳膊要圓，兩手極力朝下按勁，扭項回視起點。其式如第十圖。

第十圖　白蛇伏草

第十一圖　燕子攢天

燕子攢天

右中部眼進左足，右足尖觸地，足踵提起，緊貼左足裏脛骨，身體極力下蹲，兩膝蓋相抵。

同時，右手掌，由身體右邊往上伸出，手心朝裏，超過顱頂八九寸；左手掌置於臍部，手心朝上，係預備右手下按，左手上穿之姿式。

丹田抱勁，頭要頂勁，項要豎勁，身體面目均向左方（起點左面）。其式如第十一圖。

第十二圖　燕子攢天變動式

燕子攢天 變動式

承上式，右手掌向左肩處下落，落至臍部停住，手心朝上；同時，左手由右胳膊裏端，往上穿出，穿過顱頂，其時適遇右手下落，與左肘外方相磨擦，左手變為勾羅手，遂向起點伸出（即身體右邊），低於左肩，手心朝後。

兩足原地不動，身體下蹲，兩膝蓋相抵。向左扭項，前胸仍向左方，回視左手上方。其式如第十二圖。

燕子抄水

承上式，左足原地不動，右足向前方（起點正前面）伸出，右腿伸直，兩足尖均向左方（起點左面），身體往下蹲至極點，重點移左腿，兩足距離二尺七八寸，成單邊步。

同時，左手在後變掌，手心朝上，右手直向右足上方伸出，低於右肩，右手心亦朝上，右手背與足背上下相照。

身子伏下，丹田吸勁，向右扭項，回視右手上方（即起點正前面），前胸仍對左方（起點左面）。其式如第十三圖。

第十三圖　燕子抄水

第十四圖　白鶴伸頸第一動作

白鶴伸頸　第一動作

右足原地微橫，左足遂即提起，足尖向下垂，足蹠引向右膝，身體面目，均隨著轉向前方（起點正前面），左手仍在身體左邊，變為勾羅手，斜下伸出，低於左肩，手心朝後，胳膊切不可高；左手同時握拳，向懷中拳（蜷）曲，拳眼緊貼右乳，右肘斜下垂，切不可高於右肩。

丹田後吸，頭頂項豎，雙目平視前方。其式如第十四圖。

白鶴伸頸 定式

左足緩緩落至前方，距右足一尺餘，足尖觸地，足踵提起；右足斜橫左足要順，身體重點移於右腿，兩腿極力彎曲。

同時，右手拳直向前方突出，拳眼朝上，低於右肩，右肘下垂，右與左足上下相照，身體隨右胳膊引長，看斜是正，看正是斜；左胳膊斜伸後方，成坡形，手心朝後。

兩肩要垂，切不可高，頭頂項豎，雙目平視前方（起點正前面）。其式如第十五圖。

第十五圖　白鶴伸頸定式

拗步聽風 第一動作

左足由右足後，向起點後退一步，足尖觸地，足踵提起，左足後順，右足前橫，右足踵擰向左方（起點左面），左膝蓋抵於右膝彎裏端，成丁字拗步形，兩腿極力彎曲，如擰繩然，身體下蹲，丹田要抱。

第十六圖　拗步聽風第一動作

同時，右手掌向身後掃去，手掌與左足上下相照，右肘靠近右脇；左手掌亦往下落，落至與右手相等，兩手心均朝外。兩肩下垂，兩肘抱脇，前胸向前方（起點正前面），扭項回視右手。其式如第十六圖。

拗步聽風 第二動作

右手向上超過顱頂，左手掌置於胸前，再由右胳膊裏端，朝上穿去，右手在上，順著左胳膊外肘，往下捋勁，右手捋至臍部，左手穿至右耳邊，左手再由面前向身體左邊伸去，低於左肩六七寸，成坡形，切不可高，手心朝後變為勾羅手；同時，右手由臍部向身體右邊擢去，置於頭部上方五六寸，手指極力仰勁，手心朝上。

右足尖橫向右方（起點右面），左足遂即提起，足尖下垂，足蹠引向右膝。丹田後吸，身體面目均向右方，偏向前。其式如第十七圖。

第十七圖　拗步聽風第二動作

拗步聽風　定式

承上式，右足原地不動，左足向右前方（起點前方右角），緩緩落下，足尖觸地，足踵提起，兩足距離一尺四五寸，兩腿極力彎曲。身體重點，移於右腿。兩胳膊落至懷中，十字交叉，互相合抱，兩手心均對面部，左胳膊在內，右胳膊在外，再緩緩仍歸原狀，左手仍斜伸於後方，右手仍置顱頂，與十七圖兩手姿式，一般無二。兩肩要垂，丹田抱勁，前胸面目，均向右前方（起點前方右角）。其式如第十八圖。

第十八圖　拗步聽風定式

以上十八動作，均在起點正中，方圓三四尺以內，另繪路線圖。

第四章

退守三關 第一動作

第十九圖　退守三關第一動作

左足由右足後，先向左方（起點左面）退一步，右足再向左足後退一步，其時已退至起點左角，左足前橫，右足後順，兩足距離一尺四五寸，兩腿彎曲，右膝蓋抵於左膝彎裏端，兩腿如擰繩然。

同時，於退第一步時，兩手由左肩外方，往下向右肩外掄去，兩手均由面前劃一豎直大圓圈，再退右足時，兩手再照上式，仍由左肩外方，往下向右肩外方掄去，掄至左手停於右乳下方，手背朝上，手指併攏，拇指曲貼掌緣；右手平伸，微低於肩，大拇指朝上，手背朝外，兩肩均要垂勁，扭項回起點右手。其式如第十九圖。

退守三關 定式

第二十圖　退守三關定式

左足作為轉軸，由右向左方轉身，轉至面向左方（起點左面）；右足遂跟進左足併攏，右足尖觸地，足踵提起，足蹠貼近左足裏脛骨，身體下蹲，兩腿極力彎曲，兩膝蓋相抵。同時，右手掌由顱頂上方，向左肩下按；左手由胸前右胳膊裏端，向上穿出，右手掌；順著左肘外方，按至臍部，手心朝上，右肘抱肋；左手上穿，由右肩外方經過顱頂，再向身體左邊落下，落至左手低於右肩，停住，切不可高，左手變為勾羅手，手心朝後。兩肩均要下垂，扭項回視起點左手，前胸足尖均向左方（起點左面）。此姿式在起點之左角，式如第二十圖。

周公問津 第一動作

左手仍為勾羅手，在後方，右手由腹部向下向前，再向上挑去，手指均朝上，手背朝外（即右面亦即身體外方），與右肩平，胳膊彎曲，右肘極力下垂。

第二十一圖　周公問津第一動作

同時，左足微動，足尖向左前方（起點前方左角），右足旋即提起，足尖下垂，足蹠引向左膝。右肘與右膝蓋貼近，身微傾，丹田後吸，左足支柱全身。雙目平視前方。其式如第二十一圖。

周公問津 定式

右足向前方，緩緩落下，距左足二尺六七寸，兩足尖均向左方（起點左面），兩腿彎曲，身體下蹲，成正刂字馬步樁法。

同時，兩胳膊向懷中互抱，右胳膊在內，左胳膊在外，十字交叉，兩手心分向左右，趁右足落地時，兩手掌分向身體兩旁推出，兩手掌均豎

第二十二圖　周公問津定式

直，手指朝上，兩手背朝後（右方），兩手心朝前（起點左面），兩手掌與兩肩平，切不可高，兩胳膊極力彎曲，兩肘極力下墜。

垂肩含胸，丹田要抱，扭項平視右手上方，此動作已由起點左角，前進一步。其式如第二十二圖。

右擄手

第二十三圖　右擄手

左足微動，成順步，足尖觸地，足踵提起；同時，右足橫墊，足踵向左方，足尖向右方（起點右面），左膝蓋抵於右膝彎裏端，兩足距離二尺五六寸，成丁字拗步形，身體下蹲，兩腿彎曲。

同時，右手由上方往下，再向身後順擄，擄至右手掌，與左足上下相照，停住，手背朝上；左手亦變掌落下，與右手姿式完全相同。兩肩下垂，丹田要抱。此動作之兩足，與上式之地同在一處。扭項回視右手。其式如第二十三圖。

青蛇伏地

第二十四圖　青蛇伏地

承上式，右足先向前墊半步，左足再向左前方（起點左前面）開一大步，趁勢由左轉身，轉至前胸正對右方，兩足距離二尺六七寸，兩足尖向右方（起點右面），兩足踵向左方（起點左面），身體下蹲，兩腿彎曲，成正刂字馬步樁法。

同時，左手由顱頂上方，往下按勁，按至左胯外方停住；右手承上式，隨之前方，兩手距兩胯，均八九寸，手指朝內，手背朝上。兩肩垂勁，又要圓扣，丹田吸勁。此動作已開兩步，適至未過門之左前方（前方左角）。扭項向前方平視。其式如第二十四圖

第二十五圖　丹鳳亮翅
第一動作

丹鳳亮翅

第一動作

右足先向左足後，前方左角，倒退一步，足尖觸地，足踵提起，兩足距離一尺餘，右膝蓋抵於左膝彎裏端，兩腿彎曲，如擰繩然，兩足成丁字拗步，身體微向下蹲。

同時，右手掌向上直伸，高於顱頂尺許，手心朝裏，手背朝外；左手置於臍部，手心朝上，左肘緊貼左脇，作預備往上穿手之狀，前胸斜對起點右角。此姿式之地位，已至前方左角。扭項回視身體左方（亦即起點前方）。其式如第二十五圖。

丹鳳亮翅　第二動作

第二十六圖　丹鳳亮翅
第二動作

承上式，右足原地不動，左足趁勢提起，足尖下垂，足蹠引向右膝，身體已轉向起點。

同時，左手由胸前往上直穿，右手由上方，順著左胳膊外肘，往下按勁，按至左胯，再向右邊擢去，擢至與肩平時，再往上方挑勁，停於顱頂上方，距頭部五六寸，手心朝上，手指向外挺勁，拇指屈貼掌緣，右手之路線，適劃成面前一大圓圈；左手穿至顱頂，再向身體左邊落下，成斜坡形，切不可高，左手掌亦變為勾羅手，手心朝後。丹田抱勁，垂肩含胸。其式如第二十六圖。

第二十七圖　丹鳳亮翅定式

丹鳳亮翅　定式

承上式，右足原地不動，左足向起點，緩緩落下，距右足一尺餘，足尖觸地，足踵提起，兩腿彎曲，身體下蹲，重點移於右腿。

同時，兩胳膊向懷中抱勁，兩手

均對面部，左胳膊在內，右胳膊在外，十字交叉，然後右手仍歸置顱頂上方距頭部五六寸，手心朝上；左手變為勾羅手，向身體左邊外方斜伸，手心朝後，低於左肩七八寸。丹田吸勁，頭頂項豎，垂肩含胸，雙目平視起點右角。其式如第二十七圖。

蝴蝶穿花　第一動作

左足先向起點邁半步，落實。右手掌向面前斜砍一尺，手心朝上。同時，右足超過左足，向起點左角開一步，左足在後斜橫，右足在前要順，兩足距離一尺四五寸，成子午步，兩腿彎曲，重點平均。

同時，右手掌向起點左角橫推，推時極力往外擰勁，由手心朝上，擰至手心朝下，與頭頂平，距頭一尺四五寸，右胳膊彎曲，沉肩墜肘，

第二十八圖　蝴蝶穿花
第一動作

手虎口要圓，五指分開，如抓圓球式；左手彎變拳，手心朝上，五指分開，手虎口要圓，由下方直向起點左角推出，沉肩墜肘，左手低於左肩六七寸，距右手一尺餘，上下相對，如抱大圓球式，左手與右足，亦上下相照。

身體隨胳膊引長，丹田要抱。此姿式之地點，適居中央，微偏左方，雙目平視起點左角。其式如第二十八圖。

蝴蝶穿花　第二動作

左足超過右足，向起點右角開一步，足尖向起點右角，右足在後

第二十九圖　蝴蝶穿花
第二動作

斜橫，兩中部距離一尺餘，成子午步，兩腿彎曲，身體重點，兩腿平均。

同時，左手向外推勁，速推帶擰，由手心朝上，擰至手心朝下，與左肩平，沉肩墜肘，五指分開，手虎口要圓，如抓圓球式；同時，右手由上方向起點右角，連裹帶砍，裹至手心心朝上，已砍至相當地點，與左手上下相對，五指分開，虎口要圓，兩手距離一尺餘，如同抱住圓球，右手低於右肩六七寸，與左足上下相照。

身體隨著右胳膊引長，含胸扣肩，丹田後吸，雙目平視起點右角。此式之地位，較上式向起點進一步。其式如第二十九圖。

蝴蝶穿花 定式

左足先開半步，右足再向起點左角開一步，右足在前順步，左足在後斜橫，兩足距離一尺四五寸，兩腿彎曲，重點平均。同時，右手掌向起點左角雲推，雲時極力往外擰勁，由手心朝上，擰至手心朝上，與天庭相對，與顱頂平，距頭一尺四五寸，右胳膊彎曲，沉肩墜肘，手虎口要圓，五指分開，如抓圓球式；左手掌，同時由上方向起點左角，連裹帶砍，裹至手心朝上，已砍至相當地點，與右手上下相照，五指分開，虎口要圓，兩手距離一尺餘，如同抱住圓球，左手低於左肩六七寸，與右足

第三十圖　蝴蝶穿花定式

上下相照。身體隨左胳膊引長，含胸扣肩，丹田後吸，雙目平視起點左角。其式如第三十圖。

探囊取物

左足向起點右角開一大步，右足遂跟進左足，足尖觸地，足踵提起，足蹠引向左腿裏脛骨，兩足尖均向起點右角，身體極力下蹲，兩膝蓋相抵。同時，左手隨著身體向起點右角雲推，雲時朝外擰勁，由手心朝上，擰至手背朝上，停於右肩旁；同時，右手隨著朝裏裏勁，裏至手背朝上，順著左胳膊下端，向左胯斜插，手背仍朝上，距左胯數寸，兩胳膊互

第三十一圖　探囊取物

相抱勁。扭項向左肩外，回視右手。其式如第三十一圖。

右盤雲手

左足作轉軸，原地轉至足尖向左前方（起點前方左角），足踵向起點右角；右足隨著身體轉向左前方，橫足落實，左膝蓋抵於右膝彎裏，兩腿彎曲，身體極力下蹲，右足尖斜向右前方（起點前方右角）。同

第三十二圖　右盤雲手

時，右手隨著身體雲至面前，在面前兩胳膊上下互易，打一盤花，右胳膊挪至左胳膊上方，再向身後雲去，直向起點右角，與左足上下相照，變為勾羅手，手心朝後，手低於肩六七寸，切不可高，肩亦下垂，成坡形，

右手適圍身一匝，雲成平圓圈；同時，左手亦隨著雲至右腋下停住，左胳膊緊貼胸前。身體微向左前方傾側，由右方回首，目視右手。此動作之地位，已接近起點右角。其式如第三十二圖。

左盤雲手

承上式，兩足原地不動，仍為丁字拗步形。右手先回面前雲去，左手由右胳膊下方，隨著向面前雲動，至面前打一盤花，右手由左胳膊上方，翻而至左胳膊下方兩胳膊平出，十字交叉，右手心朝上，左手心朝下，然後左手再向身體左邊後方雲去，雲至

第三十三圖　左盤雲手

左膝後方停住，變為勾羅手，手心朝外，低於左肩七八寸，切不可高；同時，右手仍隨左手雲動，雲至左腋下停住，手背朝上。扣肩含胸，丹田後吸，向身體左邊扭項，回視左手。其式如第三十三圖。

第三十四圖　進步盤花

進步盤花

右足先向前微動數寸，左足再向右足前方（亦即左前方）開一小步，足尖觸地，足踵提起，兩足距離一尺餘，左足順步，右足斜橫，兩腿彎曲，身體下蹲，重點移於右腿，成提踵子午步。同時，左手向面前雲動，右手在左胳膊下方，亦隨著雲轉，至面前停住，左手在上，右手在下，兩胳膊十字交叉，兩手背均朝上，低於兩肩六七寸。扣肩含胸，丹田後吸，頭要頂勁，項要豎勁，身體面目，均向左前方。其式如第三十四圖。

白猿坐洞

第一動作

左胳膊再向右胳膊下方打一盤花，兩手相竝，手心朝上，同時變為勾羅手，原地翻而朝下，兩手極力勾勁，兩胳膊極力彎曲，手高於肩寸許，兩手距兩肩七八寸，手背朝上，兩手齊平，距離一尺餘。

同時，右腿獨立，左腿提起，足尖下垂，足蹠引向右膝，身體面

第三十五圖　白猿坐洞
第一動作

目，仍向左前方（起點前方左角）。此式之地位，已至中央前段偏右。扣肩含胸，丹田抱勁。其式如第三十五圖。

白猿坐洞 定式

左足向身體前方（亦即左前方）緩緩落下，足尖向外橫撇向左方（起點左面），左足在後提踵，足尖觸地，兩足距離一尺餘，成丁字拗步，右膝蓋抵於左膝彎裏端，身體蹲至極點。兩勾羅手，由上方向兩臂後方戳去，手心朝上，距臀部三四寸，兩胳膊極力下垂。扣肩含胸，丹田要抱。此式之地位，已至中央前段。雙

第三十六圖　白猿坐洞定式

目平視左前方（起點前方左角）。其式如第三十六圖。

摟膝抱樁　第一動作

左足不動，右足向前彈踢旋即退回，足尖下垂，足蹠引向左膝。同時，兩胳膊順著兩腿向上托抱，至胸前十字交叉，右胳膊在內，左胳膊在外，兩手心均朝外，低於兩肩，右肘與右膝蓋貼近，兩胳膊抱勁。丹田吸勁，頭頂項豎，身體面目均向左前方（起點前方左角）。其式如第三十七圖。

第三十七圖　摟膝抱樁
第一動作

摟膝抱樁　定式

承上式，右足向前方（起點正

三十八圖　摟膝抱椿定式

前面）緩緩落下，距左足一尺餘，左足斜橫，右足順步，足尖觸地，足踵提起，左尖向左前方（起點前方左角），右足尖向正前方，兩腿極力彎曲，身體重點，移左腿。同時，兩胳膊向身體兩旁緩緩伸出，右手掌停於頭部前方尺許，手心朝外，高於顱頂寸許，右胳膊彎曲，手背緊對額角，與右足上下相照，右肘右膝蓋亦上下相照；左手變為勾羅手，向身後偏左伸出，成斜坡形，低於左肩八九寸，手心斜向上。

頭頂含胸，丹田後吸，身微前傾，雙目平視左前方。其式如第三十八圖。

第五章

落步盤花 第一動作

右足向起點右角退一大步，左足遂即跟進右足，足尖觸地，足踵提起，足蹠提起，足蹠貼近右足裏脛骨，兩足尖均向右方（起點右面），兩腿極力彎曲，身體極力下蹲，兩膝蓋相抵。同時，左手雲回，置於右胳膊上方，兩手背均朝上，兩胳膊十字交叉，然後打一盤花，左手繞至右胳膊肘下停住，手心朝上，拇指曲貼掌緣；右手於打盤花時，繞至左胳脯裏端上方，右手心朝上，與下頦齊，作預備穿手狀，兩胳膊互抱。丹田後吸，扣肩含胸，扭項向左，回視正前方。

第三十九圖　落步盤花 第一動作

第四十圖　落步盤花定式

此動作之地點，已至起點右角，前半段，其式如第三十九圖。

落步盤花　定式

承上式，右手穿至頭部，再變勾羅手，向身體右邊伸出，手心朝後，右手低於右肩，右肘右胯上下相照。同時，左足直向左前方邁出一步，兩足距離二尺六七寸，身體重點，移於右腿，成單邊步。左手掌亦隨著左腿向左方（起點前方左角）伸去，與左足上下相照，手心朝上，低於左肩七八寸，距左足約一尺，兩胳膊如張兩翼。向左扭項，目視左前方（起點前方左角），身體微伏。其式如第四十圖。

懶鶴獨立　第一動作

左足原地，足尖擰向左前方；右足提起，足尖下垂，足蹠引向左膝，左腿支拄全身，作獨立步。同時，左手握拳，向上屈回，貼近胸前，拳眼朝上，左肘斜下垂，低於左肩七八寸；右手勾羅，仍朝身右後方，手心朝後，低於右肩尺餘，兩手切不可高。

丹田抱勁，含胸貫頂，雙目平視左前方（起點前方左角）。

第四十一圖　懶鶴獨立
第一動作

此動作之地點，已至前段中央。其式如第四十一圖。

懶鶴獨立 定式

承上式，右足向前方（起點正前面）緩緩落下，足尖觸地，足踵提起，兩足距離一尺四五寸，左足斜橫，右足順步，右躝在直向前方（起點正前），左足尖向左前方（起點前方左角），兩腿極力彎曲，身體極力下蹲，重點移於左腿。

第四十二圖　懶鶴獨立
定式

同時，左手向前方突出，拳眼朝上，低於左肩，左肘下沉，與膝蓋上下相照，左拳右足，亦上下相照；右手勾羅手，仍斜垂於身後，距右胯尺許，成斜坡形，切不可高。含胸貫頂，丹田後吸，雙目平視左拳上方。其式如第四十二圖。

捋手按肘

承上式，兩足尖擰向左方（**起點左面**），兩足距離二尺五六寸，兩腿彎至極點，身體蹲至極點，成正刂字馬步樁法，同時左手拳往回捋勁，捋至臍部下方停住，拳心朝上，左肘抱肋；右手掌，由前方隨著左手按下，按至左胳膊脈窩停住，五指分開，虎口要圓，如抓圓皮球式，手背朝上。

扣肩抱肋，丹田吸勁，向右扭項，平視前方（**起點正前面**）。其式如第四十三圖。

第四十三圖　捋手按肘

進步踹膝

左足超過右足，直向左前方（起點前方左角）踹去，足蹠距地數寸，右腿彎曲，左腿踹直，左足尖橫向左方（起點左面），右腿獨立，支拄全身。同時，右手隨著左足，向左前方劈出，手背仍朝上，五指分開，手虎口圓，低於右肩一尺餘，成斜坡形，與左足上下相照；左手亦變掌，向左胯後方按下，距七八寸，手指朝裏，手背朝上。

第四十四圖　進步踹膝

扣肩含胸，丹田後吸，雙目平視左前方（起點前方左角）。其式如第四十四圖。

神龍探爪

承上式，左足向起點右角後退一大步，兩足距離二尺七八寸，右腿曲膝，左腿登直，成斜刂字前弓後箭步，兩足尖均向左前方（起點前方左角）。同時，左手掌直向左前方（起點前方左角）推出，左胳膊彎曲，沉肩墜肘，左手掌與肩平，左手背朝上，五指分開，手虎口要圓，如抓圓皮球式；右手掌順著左胳膊下端，緊貼外肘向左腋捋回，右手即停住左腋下，右胳膊抱肋。

第四十五圖　神龍探爪

扣肩含胸，左腿與左肩成一斜直線，身微前傾，丹田吸勁，頭要頂勁，雙目平視左前方（**起點前方左角**）。其式如第四十五圖。

桃園得路

右足先向起點右角退一大步，左足遂即跟進右足，足尖觸地，足踵提起，足蹠緊貼右足裏脛骨，身體下蹲，兩腿彎曲，兩膝蓋相抵，兩足尖向右方（**起點右面**）。同時，左手掌向右肩下按，右手掌由面前往上穿勁，穿至顱頂，變勾羅手，向身體右邊伸去，左手掌順右胳膊外肘，按至右腋停住，手背朝上，胳膊肘緊貼腹部脇部；右勾羅手低於右肩，手心朝後。丹田要抱，扣肩含胸。

第四十六圖　桃園得路

此動作之地點，已至起點右角前

段。向右扭項，回視右手。其式如第四十六圖。

漁郎問津　第一動作

右足原地不動，左足提起，足尖下垂，足蹠引向右膝，右腿微曲，獨立支拄全身。同時，左手隨著左腿擢挑，挑至手指朝上，與左肩平，手背朝外，拇指屈貼掌緣，左胳膊極力彎曲，如弓形，左肘下垂，與左膝蓋貼近；右手仍在身後，為勾羅後，低於右肩七八寸，手心朝後，切不可高。

丹田抱勁，垂肩含胸，目視左手上方。其式如第四十七圖。

第四十七圖　漁郎問津
第一動作

漁郎問津 定式

承上式，兩胳膊向懷中互抱，右手在外，左手在內，兩手心分向左右。同時，左足向前方落地，兩足尖均向右方（起點右面），兩足距離二尺六七寸，成正刂字馬步樁法，兩腿極力彎曲，身體下樁。

兩胳膊趁勢分向左右推出，手指朝上豎直，拇指屈貼掌緣，兩手心均朝外，兩胳膊彎曲，沉肩墜肘，如弓形。含胸貫頂，丹田後吸。

此式之地點，在起點右角，前段二尺餘。扭項向左，目視左手。其式如第四十八圖。

第四十八圖　漁郎問津定式

第四十九圖　左擄手

左擄手

左足朝外撇勁，橫足左右向；右足在後提踵，足尖觸地，兩腿彎曲，身體下蹲，兩足距離二尺四五寸，成丁字拗步形。同時，左手掌向左胯後方順擄，擄至臀後停住，手背朝上，手指向胯；右勾羅手，亦下垂，距右胯數寸，手心朝上。

兩肩極力下垂，兩肘抱勁，面向左方（起點左面），雙目俯視左手。其式如第四十九圖。

青蛇伏地

第五十圖　青蛇伏地

右足超過左足，向右前方（起點前方右角）開一步，兩足尖均向左方（起點左面），兩足距離二尺六七寸，兩腿彎曲，身體下蹲，成正刂字馬步樁法。同時，右手由頭部向左肩往下按勁，按至右胯外方，與右膝蓋上下相照，左手掌亦與左膝蓋上下相照，距離僅數寸，兩手手指均朝裏勾勁，手背朝上，兩胳膊要圓。扣肩含胸，丹田吸勁。

此動作已前方右角二尺許。扭項向身右，目視右手。其式如第五十圖。

丹山起鳳 第一動作

承上式，右足不動，左足由右足後，向右前方（起點前方右角）開一偷步，右足橫，足尖向左方（起點左面），左足順步，足尖向起點，足踵提起，兩足距離一尺餘，左膝蓋抵於右膝彎裏端，成丁字拗步，兩腿彎曲，如擰繩然。同時，左手掌起至顱頂，距左額數寸，手指併攏，拇指曲貼掌緣；右手掌由腹部往上直穿，穿至左肘彎裏端，手心距頭部數寸，右胳膊肘，緊貼胸腹。

身體微向身右傾側，向右扭項，回視正前方（起點正前面）。丹田要抱。其式如第五十一圖。

第五十一圖　丹山起鳳
第一動作

丹山起鳳　第二動作

承上式，左足原地不動，右足遂即提起，足尖下垂，足蹠引向左膝，左腿微屈，獨立支拄全身。

同時，右手掌往上直穿，穿至顱頂上方，再向身體右邊落下，變為勾羅手，手心朝後，右手低於右肩五六寸，切不可高；同時，左手順著右手外肘，往下按勁，按至右胯，再由腹部向左邊擢去，至顱頂上方八九寸停住，手心朝上，拇指屈貼掌緣，胳膊要彎曲，此式兩手之路線，各劃一面前之大圓圈。

第五十二圖　丹山起鳳
第二動作

丹田抱勁，貫頂含胸，雙目平視起點，足尖、前胸、面目均向起點。此動作已至右前方（**起點前方右角**）。其式如第五十二圖。

丹山起鳳　定式

承上式，右足向起點左角緩緩落下，足尖觸地，足踵提起，兩足距離一尺四五寸，左足斜橫，右足順步，兩腿彎曲，身體極力下蹲，重點移於左腿，成提踵子午步。

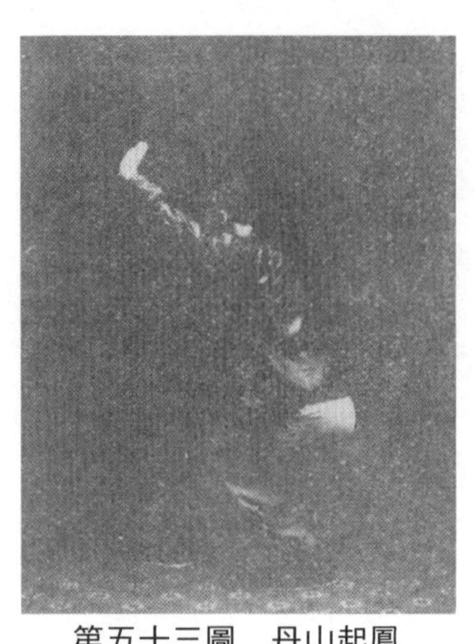

第五十三圖　丹山起鳳
定式

同時，兩胳膊落至懷中，十字交叉，互相抱持，左胳膊在內，右胳膊在外，兩手心均對面部，右足落地時，兩手仍時原狀，左手掌仍置顱頂前上方，右手勾羅手，仍向身右斜下垂，手心向後，低於右肩七八寸。

丹田後吸，身微前傾，雙目平視起點左角。其式如第五十三圖。

蝴蝶穿花

第一動作

右足先開半步，左手由上方向下斜砍一尺，左足再向起點右角開一步，右足在後斜橫，左足在前順步，足尖向起點右角，兩足距離一尺四五寸，兩腿彎曲，身體重點兩腿平均。

同時，下砍之左手，向身體前上方（亦即起點右角）雲推，至手心翻而朝下，手背朝上，微高於肩，雲推時有朝外擰勁之意，右手往下斜砍，有朝裏裹勁之意，裹至手心朝上，與左手上下相對，兩胳膊均要彎曲，不可挺直，身體微隨右胳膊引長。

第五十四圖　蝴蝶穿花
第一動作

右手低於右肩八九寸，兩手虎口要圓，五指分開，兩手如抱圓球式，左手左足上下相照。扣肩含胸，丹田後吸，身體面目均向起點右角。其式如第五十四圖。

蝴蝶穿花　第二動作

左足先邁半步，右足再向起點左角開一步，兩足距離一尺五六寸，左足在後斜橫，右足在前順步，兩腿彎曲，身體重點，兩腿平均，右足尖直向起點左角。

同時，右手向起點左角雲推，推時有朝外擰勁之意，擰至手心朝

第五十五圖　蝴蝶穿花
第二動作

下，手背朝上，高於右肩，手虎口要圓，五指分開；左手趁勢向起點左角斜砍，砍時有朝裏裏勁之意，裏至手心朝上，低於右肩八九寸，五指分開，虎口要圓，兩手上下距離尺餘，如抱圓球式，上下相照，兩胳膊均要彎曲，切不可挺直。扣肩含胸，丹田抱勁，身體微向左胳膊引長，雙目平視起點左角。其式如第五十五圖。

蝴蝶穿花　定式

右足先邁半步，左足再向起點右角開一步，兩足距離一尺五六寸，

第五十六圖　蝴蝶穿花
定式

右足斜橫，左足順步，足尖向起點右角，兩腿彎曲。

同時，左手向起點右角雲推，雲時有往外擰勁之意，擰至手心朝下，手背朝上，高於左肩，五指分開，虎口要圓，右手亦由上方向起點右角斜砍，砍時有朝裏裏勁之意，裏至手心朝上，五指分開，虎口要圓，低於右肩八九寸，兩手上下相照。

如抱圓球式，兩胳膊均要彎曲，切不可挺直，左手左足上下相照，扣肩含胸，丹田後吸，雙目平視起點右角，其式如第五十六圖。

第六章

探囊取物

第五十七圖　探囊取物

右足先向左角微動，左足遂即跟進右足，足踵微起，兩腿彎曲，兩膝蓋相抵，身體極力下蹲，兩足尖向左方偏前。同時，右手掌翻至手心朝下，距左肩六七寸，肘手均低於肩；左手掌趁勢向右腋下插去，手背朝上，兩手虎口均要圓，左胳膊緊貼腹部，左手亦靠近右腋，右脇前胸正對左前方（起點前方左角）。肘肩扣抱，向右扭項，雙目平視右後方。此動作之地點，已至起點左角。其式如第五十七圖。

左盤雲手

身體向左轉（指身左），左足趁勢向右方（起點右面）開一小步，距右足尺許，右足尖觸地，足踵提起，右膝蓋抵於左膝彎裏端，成丁字拗步，兩腿極力彎曲，身體蹲至極點，左足尖向正前方，前胸向右前方（起點前方右角）。

第五十八圖　左盤雲手

同時，左手由右胳膊下方，向身體左方，隨著雲去，至面前時，左胳膊繞至右胳膊上方，打一盤花，再往身後雲去，適劃成隨著周身一大圓圈，左胳膊斜下伸，成坡形，切不可高，變為勾羅手，手心朝後；右手隨著至左腋，手背朝上，右胳膊貼胸腹。丹田抱勁，向身體左邊扭項，目視左手上方（即起點左面）。其式如第五十八圖。

第五十九圖　右盤雲手

右盤雲手

承上式，兩足原樣微移動二三寸，仍如上式，丁字拗步，下坐盤。右手再向身體右邊（亦即起點）雲回，雲至面前時，左胳膊亦隨之雲回，右胳膊在下，兩手背均朝上，右胳膊趁勢繞至左胳膊上方，打一盤花，右手背仍朝上，左手背朝下，右手變為勾羅手，雲至身體右邊，低於右肩七八寸，手心朝後，左手掌停於右腋下方，手背朝上，左胳膊緊貼胸腹，前胸仍向右前方（起點前方右角）。向身右扭項，回視右手上方（即起點）。此二動作仍在起點左角。其式如第五十九圖。

進步盤花

左足不動，右足向右前方（起點前方右角）開一步，足尖觸地，足踵提起，兩足距離一尺五六寸，右足尖向右前方，兩腿彎曲，身體重點，移於左腿，成提踵子午步。

同時，兩手雲至面前，右胳膊在

第六十圖　進步盤花

上，左胳膊在下，兩胳膊十字交叉，兩手背均朝上，兩手拇指各貼掌緣，兩手低於兩肩，五六寸。扣肩含胸，丹田後吸，前胸面目均向右前方（起點前方右角）。其式如第六十圖。

白猿坐洞 第一動作

第六十一圖　白猿坐洞 第一動作

承上式，左胳膊繞至右胳膊上方，打一小盤花，兩手心同時翻而朝上，遂即變為勾羅手，再翻而朝下，其式如鶴頭頸，兩胳膊極力彎曲，兩手高於兩肩，屈肱墜肘，扣肩含胸。

同時，右足提起，足尖下垂，

足蹠引向左膝；左腿獨立，支拄全身，左足尖與前胸，均向右前方（起點前方右角）。頭項項豎，雙目亦平視右前方。其式如第六十一圖。

白猿坐洞 定式

承上式，右足向右前方（亦即身體前面）開一步，落地，足尖極力向外撇勁，撇至向起點右角，足踵向左前方（起點前方左角）；左足在後提踵，足尖觸地，兩足距離一尺四五寸，左膝蓋抵於右膝彎裏端，極力彎曲，身體蹲至極點。

同時，兩勾羅手，直向兩胯後方戳去，距兩胯數寸，距地亦六七寸，兩手心朝上，兩肩極力下垂。

第六十二圖　白猿坐洞 定式

胸要含勁，丹田抱勁，頭頂項豎，雙目平視右前方。其式如第六十二圖。

摟膝抱樁

第一動作

左足向右前方（起點前方右角）彈踢，旋即回，提起，足尖下垂，足蹠引向右膝。同時，兩胳膊，順著左腿往上高起，漸近漸抱，至懷中十字交叉，左胳膊在上，右胳膊在下，手掌均向上，拇指各貼掌緣，兩胳膊彎曲，如弓形，兩手心左右向。左腿獨立，支拄全身。

丹田要抱，頭要頂勁，項要豎勁，雙目平視右前方（起點前方右角）。其式如第六十三圖。

第六十三圖　摟膝抱樁
第一動作

摟膝抱樁 定式

承上式，左足向右前方（起點前方右角）緩緩落下，足尖觸地，足踵提起，兩足距離一尺五六寸，左足順步，右足在後斜橫，兩腿彎曲，身體下蹲，重點移於右腿。同時，兩手分開，左手掌順著左足上方斜伸，左手左足上下相照，左手高於頭部寸許，胳膊向上斜伸，手心朝外；右胳膊向後下方斜伸，右手變為勾羅手，手心朝後，低於右肩尺許。身微前傾，頭要頂勁，項要豎勁，丹田要抱，雙目平視右前方（起點前方右角）。其式如第六十四圖。

第六十四圖　摟膝抱樁
定式

落步盤花 第一動作

左足向起點左角退一大步，右足遂即跟進左足，足尖觸地，足踵提起，足蹠緊貼左足裏脛骨，兩膝蓋相抵，兩腿極力彎曲，兩足尖向左前方（起點前方左角）。

第六十五圖　落步盤花
第一動作

同時，右胳膊隨著向面前雲回，左胳膊向右胳膊下插出，兩手背均朝上，兩胳膊十字交叉，低於兩肩四五寸。頭要頂勁，項要豎勁，丹田後吸，雙目平視左前方（起點前方左角）。其式如第六十五圖。

落步盤花　定式

承上式，左胳膊繞至右胳膊下，右胳膊繞至左胳膊上，打一小盤花，左手即向身體左邊身後伸去，變為勾羅手，手心朝後，低於左肩八九寸，成大斜坡形。同時，右腿向右前方（起點前方右角）伸出，兩足距離二尺七八寸，兩足尖均向左前方（起點前方左角），左腿彎曲，右腿伸直，成單邊步。右手順著右足伸出，手心朝上，距右足腿部數寸，拇指屈貼掌緣，低於右肩尺餘，兩胳膊如鳥張翼然。

丹田後吸，身微前傾，扭項順

第六十六圖　落花盤花 定式

右足上方，目視右前方（起點前方右角）。其式如第六十六圖。

懶鶴獨立 第一動作

左勾羅手在後不變，左足提起足尖下垂，足蹠引向右膝，右腿獨立，支拄全身。同時，右手掌握拳，屈回胸前，拳眼朝上，肘低於肩；左胳膊斜下伸，成大坡形，手心朝後，低於左肩尺許，兩肩均要下垂。丹田抱勁，扣肩含胸，右足尖向右前方（起點前方右角）。面目前胸亦向右前方。

第六十七圖　懶鶴獨立
第一動作

此式之地點，在中間偏於左角，前方。其式如第六十七圖。

懶鶴獨立　定式

承上式，右足原地不動，左足向右前方（起點前方右角）落地，距右足一尺四五寸，左足尖觸地，足踵提起，成提踵子午步，兩腿極力彎曲，身體極力下蹲。左手在身體左後方，仍為勾羅手，手心朝後；同時右手拳向左前方（起點前方右角）緩緩突出，拳眼朝上，低於右肩七八寸，沉肩墜肘，右拳與左足上下相照。

頭要頂勁，項要豎勁，丹田後吸，雙目平視右前方（起點前方右角）。其式如第六十八圖。

第六十八圖　懶鶴獨立
定式

捋手按肘

左足前開半步，兩足尖均向右方（起點右面），兩足距離二尺八寸，兩腿彎至極點，身體蹲至極點，成正刂字馬步樁法。

同時，右手在前方捋回，置於臍部下方，拳心朝上；左手掌隨著右拳按下，按至右胳膊脈窩，停於上方，手掌緊貼胳膊。

扣肩含胸，兩肘抱勁，丹田後吸，頭頂項豎，向左扭項，目視右前方（起點前方右角）。其式如第六十九圖。

第六十九圖　捋手按肘

進步踹膝

右足向右前方（起點前方右角）橫足踹出，足尖橫向起點右角，足蹠貼近地皮，左足在後順步，兩足距離一尺餘，成拗步丁字形，身體重點移於左腿。同時，左手隨著右足向右前方（起點前方右角）橫推，手背朝上，手虎口朝裏，要圓，左手低於左肩一尺五六寸，極力下按，肩亦下垂；右手拳向右胯捋回，停於右胯，拳心仍朝上，左胳膊斜直，右胳膊弓曲。

丹田抱勁，雙目俯視右前方（起點前方右角）。其式如第七十圖。

第七十圖　進步踹膝

神龍探爪

承上式，右足向起點左角倒退一大步，左腿屈膝，右腿登直，兩足距離約三尺，兩足尖向右前方（起點前方右角），成前弓後箭步。

同時，右手掌用力向右前方（起點前方右角）推出，五指分開向上，手虎口要圓，與右肩平，右胳膊彎曲，沉肩墜肘，身體隨右胳膊引長；同時，左手順著右胳膊下方捋回，捋至右脇停住，五指分開，手虎口要圓，左胳膊緊貼腹脇各部，右肘與左膝蓋上下相照。雙目平視右前方（起點前方右角）。其式如第七十一圖。

第七十一圖　神龍探爪

丹山起鳳　第一動作

左足微橫，右足由左足後，向左前方（起點前方左角）倒退一步，足尖觸地，足踵提起，足尖向起點，左足尖向右方（起點右面），兩足距離一尺五六寸，右膝蓋抵於左膝彎裏端，兩腿如擰繩然，成丁字拗步形，兩腿彎曲，身體下蹲；同時，身體轉向起點。右手掌由身後向上直伸於顱頂上方，手心朝裏，胳膊微曲，手指併攏，拇指曲貼掌緣；左手掌在懷中，手心翻而朝上，手指併攏，拇指曲貼掌緣，左肘抱勁。丹田後吸，扭項回視右前方（起點前方右角）。其式如第七十二圖。

第七十二圖　丹山起鳳
第一動作

丹山起鳳

第二動作

承上式，右手掌向左肩下按，左手掌亦由右肩向上直穿，左手穿至頭部上方時，再向身體左邊伸出，變為勾羅手，手心朝後，低於左肩五六寸，切不可高；同時，右手按至左胯，再向右胯外方擢去，繞至顱頂上方，距頭部六七寸，手心朝上，手指鉤勁，拇指曲貼掌緣，右胳膊弓屈。同時，右足提起，足尖下垂，足蹠引向右膝，右腿獨立，支拄全身。丹田後吸，頭要頂勁，項要豎勁，身體面目均向起點右角。此動作之地點，則在左前方（起點前方左角）。其式如第七十三圖。

第七十三圖　丹山起鳳
第二動作

丹山起鳳 定式

承上式，左足向起點右角，緩緩落下，距右足一尺四五寸，右足在後斜橫，左足在前順步，足尖向起點右角，兩腿彎曲，身體極力下蹲，重點移於右腿，成提踵子午步。同時，兩胳膊向懷中落下，十字交叉，互相抱持，兩手心朝裏，均對面部，右胳膊在內，於左足落地時，兩胳膊仍歸上式，原狀，右手掌仍置頭部上方六七寸，手心朝上，胳膊彎曲，左胳膊向後斜伸，低於左肩六七寸，仍為勾羅手，手心朝後。

丹田抱勁，雙目平視起點右角。其式如第七十四圖。

第七十四圖　丹山起鳳 定式

第七章

右擄手

左足先開半步，右足再向起點開一大步，橫足落地，足尖向左方（起點左面），左足在後提踵，足尖觸地，兩足距離二尺四五寸，兩腿彎曲，身體下蹲，成丁字拗步形。

同時，右手掌，向右胯後方順擄，擄至胯後八九寸停住，手背朝上，手指向前；左胳膊亦落至左胯後

第七十五圖　右擄手

方，左手變掌，手心朝後。身微前傾，丹田後吸，扭項回視右手，前胸正對起點。其式如第七十五圖。

黑虎坐洞

左足超過右足，向起點開一步，兩足尖均向左方（起點左面），兩足距離二尺六七寸，兩腿極力彎曲，身體下蹲，成馬步樁法。

同時，左手由右肩往下按勁，按至右胯，再向左胯外方按去，兩手距兩胯各六七寸，手背朝上，手指朝裏，兩肩垂勁，兩胳膊微曲，要圓。扣肩含胸，丹田後吸，向身體左方扭

第七十六圖　黑虎坐洞

項，斜視起點下方。此動作已至起點。其式如第七十六圖。

仙人指路　第一動作

右足跟進，左足提踵。右手掌直伸顱頂上方，再向左肩下按；同時，左手掌，由右肩裏端，朝上穿勁，穿至頭部，再向身體左邊後方伸

第七十七圖　仙人指路
第一動作

去，手心朝後，變為勾羅手，低於右肩五六寸，切不可高；右手掌同時順左肘外往下按至胯間，再向前方挑去，挑至手指朝上，拇指曲貼掌緣，手背朝外，與右肩平，右肘極力下垂，右胳膊弓屈，要圓。

右足趁勢提起，足尖下垂，足

蹠引向左膝，右肘與右膝緊靠，左足獨立，支拄全身，左足尖向左前方（**起點前方左角**）。丹田抱勁，雙目平視前方（**起點正前面即右手上方**）。其式如第七十七圖。

仙人指路 定式

承上式，右足向前方落下，足尖觸地，足踵提起，足尖向前方（**起點正前面**）；左足在後斜橫，足尖向左前方（**起點前方左角**），兩足距離一尺五六寸，腿彎曲，身體下蹲，成提踵子午步。左手向後斜伸，承上式不變動，右手掌向前伸切，由豎直形，改為斜直形，低於右肩數寸，與右足上下相照。

右肘與右膝亦上下相照，兩胳膊形如兩翼，又如鶴形。雙目仍視正前方（**起點正前面**）。其式如第七十八圖。

第七十八圖　仙人指路
定式

第七十九圖　大鵬展翅
第一動作

大鵬展翅　第一動作

右足向起點退回一步，足尖向右方（起點右面）；左足遂即跟進右足，足尖觸地，足踵提起，兩膝蓋相抵，兩腿彎曲，身體極力下蹲，重點移於右腿。

同時，右手掌掄至身後，直向上伸，手指併攏，拇指屈貼掌緣，手背朝外；左手掌由腹部起至右肩裏端，手心朝上，拇指曲貼掌緣，作預備往上穿手狀，左胳膊肘緊貼胸部。

丹田抱勁，扭項斜視前方（起點正前面）。此動作之地點，已至上場之起點。其式如第七十九圖。

大鵬展翅 第二動作

承上式，左手往上穿去，右手順左肘外方下按，按至左胯，再向右胯外方挑去，挑至顱頂上方，手心朝上，距頭部五六寸，手指極力鈎勁，拇指曲貼掌緣，右胳膊彎曲，如弓形；同時左手穿至顱頂上方，變為勾羅手，再向身體左邊伸出，低於左肩六七寸，手心朝後。同時，左足隨著提起，足尖下垂，足蹠引向右膝，右腿獨立，支拄全身。丹田後吸，目視右前方（起點前方右角）。

此式之地點，仍在起點。其式如第八十圖。

第八十圖　大鵬展翅
第二動作

第八十一圖　大鵬展翅
定式

大鵬展翅　定式

左足向右前方（起點前方右角）緩緩落下，足尖觸地，足踵提起，兩足距離一尺五六寸，兩腿彎曲，身體重點，移於右腿，成提踵子午步，身體極力下蹲。

同時，兩胳膊向懷中落下，右胳膊在內，左胳膊在外，互相抱勁，十字交叉，手心朝裏，於左足落地，兩手分開，仍歸上式原樣，右手掌仍置顱頂上方，手心朝上，胳膊弓屈；左勾羅手，向身體左邊伸去，低於左肩六七寸，手心朝裏。身微前傾，丹田後吸，雙目平視右前方（起點前方右角）。其式如第八十一圖。

三步行拳 第一動作

左足先向左方（起點左面）開一步，右足前即跟進左足，足尖觸地，足踵提起，兩足尖向左前方（起點前方左角），兩腿彎至極點，兩膝蓋相抵，身體蹲至極點。

同時，右手掌，直向左腑脇部插去，手背朝上，緊貼脇部，右肘貼腹部，左手掌向右肩旁推去，手

第八十二圖　三步行拳
第一動作

背朝上，距左肩三四寸，兩手拇指均貼掌緣，兩胳膊互抱。丹田吸勁，扭項回視右前方（起點前方右角）。此動作已至起點左角二尺許。其式如第八十二圖。

三步行拳　第二動作

右足向右方（起點右面）開一大步，兩足距離二尺七八寸，右腿曲膝，左腿登直，成斜刂字前弓後箭步，兩足尖斜向右前方（起點前方右角）。

第八十三圖　三步行拳
第二動作

同時，右胳膊由下方向上高起，左手趁勢插於右胳膊下端，兩胳膊十字交叉，上下距離五六寸，兩手背均朝上，兩手拇指屈貼掌緣，右手與右肩平，左手距右胯六七寸。垂肩含胸，丹田要抱，雙目平視右方（起點右面）。此動作已至起點前方二尺之中央。其式如第八十三圖。

三步行拳 定式

右足原地不動，左足再向前方（起點正前面）橫開一步，足尖向左前方（起點前方左面），兩腿彎曲，兩足距離二尺餘，成錯綜八字步。同時，右手往上撩，撩至顱頂上方，手心朝上，五指分開；左手掌亦趁勢下摟，摟至距左膝尺許，停住，手心朝上，五指分開。丹田

第八十四圖　三步行拳
定式

吸勁，身體面目，均向正前面（起點前方）。此動作已至起點右角前方二尺餘。其式如第八十四圖。

百鳥朝鳳 第一動作

承上式，右足提起，足尖下垂，足蹠引向左膝，左腿獨立，支拄全身。同時，右手掌變勾羅手，向身後伸出，低於右肩一尺餘，成斜坡形，手心朝後，左手握拳，向懷中屈回，拳眼朝上，緊貼胸部，左肘斜下垂，低於左肩五六寸，切不可高。頭要頂勁，項要豎勁，丹田後吸，身體面目均向左前方（起點前方左角）。其式如第八十五圖。

第八十五圖　百鳥朝鳳
第一動作

百鳥朝鳳　定式

承上式，右足向前方（起點正前面）緩緩落下，距左足一尺五六寸，右足順步，左足斜橫，右足尖觸地，足踵提起，兩腿極力彎曲，身體下蹲，成提踵子午步。右手在後方，承上式不動，仍為勾羅手，左拳直向前方突出（起點正前面），拳眼朝上，低於左肩數寸，沉肩墜肘，左拳與右足上下相照，左肘與右膝亦上下相照。

身體面目，均向前方（起點正前面），丹田要抱，頭要頂勁，項要豎勁。其式如第八十六圖。

第八十六圖　百鳥朝鳳
定式

順步照陽

第一動作

右足後退，由左足後向左方（起點左面）橫退一大步，足尖觸地，足踵提起，右膝蓋抵於左膝彎裏端，兩腿極力彎曲，身體下蹲，成丁字坳步形。同時，左拳變掌，向右腋下方脇部插去，手背朝上，四指併攏，拇指曲貼掌緣；右手亦變掌，向左肩插去，右胳膊在外，左胳膊在內，右手背亦朝上，拇指曲貼掌緣。

前胸向左前方（起點前方左角），扭項回視右方（起點右面）。其式如第八十七圖。

第八十七圖　順步照陽
第一動作

順步照陽　定式

承上式，右手向身右後方伸出，左足向左前方（起點前方左角）開一大步，左腿曲膝，右腿登直，兩足距離二尺八九寸，成前弓後箭步。

同時，右手握拳，順著左腿開步時，直向胸前勒回，拳眼朝上，右肘低於右肩五六寸，切不可高；左手掌同時置於顱頂上方，五六寸，手心朝上，拇指屈貼掌緣。

身微前傾，丹田後吸，雙目平視左前方（起點前方左角）。其式如第八十八圖。

第八十八圖　順步照陽
定式

太極補心

右足跟進左足，併攏，足尖均向左前方（起點前方左角）。同時，身體直立，前胸亦向左前方（起點前方左角）。

兩手掌由兩肩裏端往下按勁，緩緩按至臍部，兩手掌指相對，兩手心均朝上，兩手手指分開，手虎口要圓，兩肩下垂，兩胳膊亦要圓。扣肩含胸，丹田抱勁。

此動作之地點，已至起點左角前二尺餘。扭項回視右前方（起點前方右角）。其式如第八十九圖。

第八十九圖　太極補心

雙攬雀尾　第一動作

承上式，兩手落至兩胯，右足向右前方（起點前方右角）開一大步，左足遂即跟進右足，併攏，兩足尖仍向左前方（起點前方左角），兩腿彎至極點，身體蹲至極點。

第九十圖　雙攬雀尾
第一動作

同時，兩手掌直向右前方（起點前方右角）伸出，遂即握拳，拳眼均朝上，低於兩肩數寸，兩拳距尺許，盡力向右前方伸。

此動作之地點，已至練習聲之中央。丹田要抱，扭項回視兩拳上方（即右前方）。其式如第九十圖。

雙攬雀尾 定式

承上式，左足向起點左角退一大步，右足原地伸直，左腿極力彎曲，兩足距離二尺七八寸，兩足尖向左前方（起點前方左角），身體重點移於左腿，成單邊步。

同時，兩拳隨著左足捋回，捋至右拳距右膝尺許，左拳距腹部尺許，停住，兩拳眼仍朝上，低於兩肩尺許，兩肩垂勁。

又要含胸，丹田要抱，雙目回視右前方（起點前方右角）。其式如第九十一圖。

第九十一圖　雙攬雀尾 定式

魁星獨立　第一動作

左足原地不動，右足遂即提起，足尖下垂，足蹠引向左膝。同時，右拳高起，右肘停於右膝上端，右拳至肘豎直，拳背朝外，拳心向內，高於右肩一二寸，與右肩成一豎三角形，右肘低於右肩八九寸；左手掌置於顱頂上方，距頭部六七寸，手指勾勁，拇指屈貼掌緣。丹田抱勁。

此動作之地點，角在起點左角前二尺餘。扭項斜視右前方（起點前方右角）。其式如第九十二圖。

第九十二圖　魁星獨立
第一動作

魁星獨立　定式

承上式，右足向右前方（起點前方右角）伸出一大步，兩足距離二尺七八寸，兩足均向左前方（起點前方左角），左腿極力彎曲，身體重點，移於左腿，成單邊步，左手掌仍置顱頂上方，右拳順著右腿上方，向右前方突出，拳眼朝上，低於右肩五六寸，與右腿上下相照。

身體微向前傾，丹田後吸，雙目斜視右拳上方（即右前方）。

此動作之地點，仍在起點左角前二尺餘。其式如第九十三圖。

第九十三圖　魁星獨立
定式

第八章

右式鶴行

右足先退至左足前落實，左足再向前開一小步，兩足距離一尺四五寸，左足順步，右足斜橫，左足尖觸地，足踵提起，兩腿彎曲，身體重點，移於右腿，成提踵子午步。同時，左手掌，向身後按去，手心朝後，低於左肩尺許，成斜坡形；右手掌向面前按下，手背朝外，四指併攏，拇指屈貼掌緣，右手低於右肩，亦約尺許。

身體隨右胳膊引長，身微前傾，丹田後吸。右手左足上下相照，兩胳膊前後適如鶴之頸翅，又如伸頸前行狀。

第九十四圖　右式鶴行

第九十五圖　左式鶴行

此動作仍在起點左角前，三四尺地。雙目平視前方，其式如第九十四圖。

左式鶴行

左足先活動數寸，右足再向前開一步，左足在後斜橫，右足在前順步，右足尖觸地，足踵提起，兩足距離一尺四五寸，身體下蹲，重點移於左腿，成提踵子午步。

同時，右手掌，向身後按下，手心朝後，低於右肩尺許，切不可高；

左手掌由身後向前方按下，四指併攏，拇指屈貼掌緣，手心朝裏，低於左肩尺許，沉肩墜肘，仍如伸頸鶴行，身體隨左胳膊引長，左手右足上下相照。

身子擰勁，丹田要抱，雙目平視前方。此動作之地點，已距起點前方左角二尺餘。其式如第九十五圖。

懷中抱月　第一動作

承上式，右足提起，足尖下垂，足蹠引向右膝，右腿獨立，支拄全身。同時，右手握拳，向懷中蜷曲，右肘斜垂，低於右肩五六寸，切不可高，右手緊貼胸前，拳眼朝上；左手掌置於顱頂上方六七寸，四指併攏，手心朝上，拇指屈貼掌緣，胳膊彎曲。含胸貫頂，丹田抱勁，雙目平視前方（**以上之前方均向起點左前方**）。

此動作之起點，已距前方左角二尺餘。其式如第九十六圖。

第九十六圖　懷中抱月
第一動作

第九十七圖　懷中抱月
定式

懷中抱月　定式

承上式，左足向前方緩緩落下，足尖觸地，足踵提起，兩足距離一尺四五寸，左足在前順步，右足在後斜橫，兩腿彎曲，身體重點，移於右腿，成提踵子午步。

同時，右手拳直向前方突出，拳眼朝上，低於右肩數寸，沉肩墜肘，右拳與左足上下相照，右肘左膝亦上下相照。身體隨右胳膊引長，頭要頂勁，項要豎勁，扣肩含胸，丹田後吸，身微前傾。左手仍置顱頂上方，手心朝上，拇指屈貼掌緣。雙目平視前方。

此式之地點，已距左前方尺餘。身體均要正。其式如第九十七圖。

猛虎摔尾　第一動作

右足原地不動左足由右足後，向右方（起點右面）倒偷一步，左足尖觸地，足踵提起，兩足距離一尺四五寸，左膝蓋抵於右膝彎裏端，兩腿彎曲，身體下蹲，成丁字拗步形。

同時，右手拳向左脇橫勒，拳背朝上，左手掌，由右胳膊下方，向右胯插去，五指併攏，手背朝上，左胳膊緊貼腹部，距右胳膊五六寸。扣肩含胸，丹田要抱，向右扭項，回視右下方。

第九十八圖　猛虎摔尾
第一動作

第九十九圖　猛虎摔尾
定式

其式如第九十八圖。

猛虎摔尾　定式

承上式，右足再向起點右面，橫開一大步，兩足距離二尺七八寸，兩足尖均向前方（起點正前面），兩腿彎曲，身體下蹲，成正刂字馬步樁法。

同時，右手拳向前胸中央下部（即兩腿之中央），由上摔下，拳心朝上，與膝蓋平，右肩極力下垂，左手亦變拳，伸於背後，拳心朝後，距左胯六七寸。丹田抱勁，雙目俯視右拳。

此動作之地點，已至前半段，偏右前方（**起點前方右角**）。其式如第九十九圖。

進步蓋捶

兩足同時橫移右方數寸，仍為正刂字馬步樁法，其餘一切姿式，均如上式。

目之視線，亦不變更。惟左拳由後方向面前蓋下，置於右拳脈窩上方，兩拳均起至臍部下方，十字交叉，拳心朝上，兩肘抱肋。扣肩含胸，丹田後吸。其式如第一百圖。

第一百圖　進步蓋捶

獨立鬥拳 第一動作

承上式，右足原地不動，左足提起，足尖下垂，足蹠引向右膝，右腿獨立，支拄全身。

第一百零一圖　獨立鬥拳
第一動作

同時，兩拳各向身體兩邊伸出，各與肩平，拳眼朝上，拳心左右相對，兩胳膊朝裏彎曲如弓形。含胸貫頂，丹田抱勁，雙目止平視右前方（起點前方右角）。

此動作之地點，距右前方一二尺。其式如第一百零一圖。

獨立鬥拳 定式

承上式，右足原地不動，左足向右前方（起點前方右角），緩緩落下，足尖觸地，足踵提起，兩足距離一尺四五寸，兩腿極力彎曲，兩足尖向右前方，身體下蹲，重點移於右腿，成提踵子午步，左足於落地時，右足前墊數寸，左足隨著前墊，一切姿式，仍為提踵子午步。

兩拳微向下落，約一寸，仍與上式一般無二之鬥拳。頭要頂勁，項要堅勁，丹田抱勁，身微前傾，雙目平視右前方（起點前方右角）。其式如第一百零二圖。

第一百零二圖　獨立鬥拳
定式

同舟共濟

左足先開半步，右足向前打一掃膛腿，自右向左，轉至面向起點，左足獨立，支拄全身；右足提起，足尖下垂，足蹠引向左膝。

同時，兩手拳向懷中互抱，右手變掌在外，左拳貼胸在內，左拳眼朝上，左肘低於左肩六七寸；右手掌趁勢高起，置於顱頂上方，手心朝上，拇指屈貼掌緣。

扣肩含胸，丹田抱勁，身體面目，均向起點。其式如第一百零三圖。

第一百零三圖　同舟共濟

同舟共濟　變動式

承上式，右足向起點緩緩落下，足尖觸地，足踵提起，兩足距離一尺四五寸，右足在前順步，左足在後斜橫，兩腿彎曲，身體下蹲，重點移於左腿。同時，左手拳向起點緩緩突出，拳眼朝上，低於左肩數寸，沉肩墜肘，身微前傾，身體隨左胳膊引長，左拳右足上下相對，左肘右膝亦上下相照，右手掌仍置頭部上方，手心朝上。

頭要頂勁，項要豎勁，丹田後吸，雙目平視起點。其式如第一百零四圖。

第一百零四圖　同舟共濟
變動式

太極補心

左足向右前方退半步，右足亦遂即跟進左足併攏，兩足尖均向起點右角，身體直立。

同時，兩手掌由胸前往下按，按至臍部下方停住，兩手心均朝上，五指各分開，手虎口要圓，兩手指相抵，兩手心如抓圓球式，又如托物然，兩胳膊均如弓形。

垂肩含胸，丹田要抱，扭項斜視起點左角，前胸向起點右角。此動作距右前角約一尺餘。其式如第一百零五圖。

第一百零五圖　太極補心

雙攬雀尾　第一動作

右足向起點左角開一步，左足遂即跟進右足併攏，足尖觸地，足踵提起，足蹠緊貼右足裏脛骨，兩足尖仍向起點右角，兩腿彎曲，彎至極點，身體下蹲。

第一百零六圖　雙攬雀尾
第一動作

同時，兩手掌向起點左角伸去，旋即握拳，作預備往回捋狀，兩拳眼均朝上，低於兩肩三四寸，兩拳距離約一尺。沉肩墜肘，丹田後吸，身微前傾，扭項回視起點左角。此動作之地點，已至中央直線之前段。其式如第一百零六圖。

雙攬雀尾　定式

承上式，左足向右前方（起點前方右角）退回一大步，兩足距離二尺七八寸，至三尺，左腿彎曲，右腿伸直，成單邊步。

同時，兩拳，隨著左足往回捋勁，捋至兩拳止於兩足之中間，右手距右膝八九寸，左手距臍部八九寸，兩拳眼仍朝上，低於兩肩於一尺。扣肩含胸，丹田抱勁，扭項回視起點左角。

其式如第一百零七圖。

第一百零七圖　雙攬雀尾
定式

魁星獨立　第一動作

右足提起，足尖下垂，足蹠引向左膝，左腿獨立，支拄全身，左足尖向起點右角。

同時，兩手捋回，右肘緊貼右膝蓋，右拳由膝蓋朝上豎直，拳眼朝外，微高於右肩，成豎三角形；左手掌置於顱頂上方，六七寸，手心朝上，拇指屈貼掌緣，胳膊彎曲。丹田抱勁，扭項回視起點左角。

此動作之地點，已距右前方（起點前方右角）尺餘。其式如第一百零八圖。

第一百零八圖　魁星獨立
第一動作

魁星獨立 定式

承上式，右足向起點左角伸出，距左足二尺七八寸至三尺，左腿彎曲，至極點，身體重點，移於左腿，成單邊步。

同時，右拳直向右腿上方起點左角突出，拳眼朝上，低於右肩五六寸，沉肩墜肘，右胳膊右腿上下相照；左手掌仍置頭部上方，距六七寸，手心朝上，拇指曲貼掌緣。

兩足與前胸均向起點右角，丹田抱勁，扭項回視起點左角（即右拳上方）。其式如第一百零九圖。

第一百零九圖 魁星獨立 定式

第九章

馬步邊扣　第一動作

左足原地不動，右足向起點右角橫挪一大步，兩足尖均向右方，兩足距離二尺七八寸，兩腿彎曲，身體下蹲，成正刂字馬步樁法。

同時，左拳向右胯插去，再擂至左胯外方，約六七寸，拳心朝上；右拳由胸前面前往上直挑，挑至顱頂再向右胯外方蓋下，距離亦約六七寸，拳心朝上，兩肩下垂，兩肘貼肋，前胸正對右方（**起點右面**），扭項俯視右拳。

其式如第一百一十圖。

第一百一十圖　馬步邊扣
第一動作

第一百十一圖　馬步邊扣
第二動作

馬步邊扣　第二動作

右足先橫，左足再向起點右角開一大步，兩足尖均向左方（起點左面），兩足距離二尺七八寸，兩腿極力彎曲，身體下蹲，成正刂字馬步樁法。同時，左拳由上蓋下，蓋住右臂脈窩兩拳心均朝上，置於臍部下方，兩胳膊十字交叉。扣肩含胸，丹田抱勁，雙目俯視兩手。此動作之地點，距起點右角僅二尺餘。其式如第一百一十一圖。

馬步邊扣 第三動作

承上式，左足原地不動，右足向左足後，倒退一步，右足尖觸地，足踵提起，右膝蓋抵於左膝彎裏端，兩足距離一尺餘，兩腿彎曲，身體下蹲，成丁字拗步形。同時，兩拳盡力向左胯外方擢去，兩拳心均朝上，左拳距左胯約尺許，右拳距臍部約一尺，右胳膊彎曲，左胳膊斜坡。此式係過渡法，練習時不停，惟此關鍵，不易明瞭，故加增一圖，前胸向起點，扭項俯視左手上方（即起點右角）。

其式如第一百一十二圖。

第一百十二圖　馬步邊扣
第三動作

馬步邊扣 定式

承上式，左足向起點開一步，右足遂即跟進左足，併攏，兩足尖向起點左角，兩腿彎曲，兩膝蓋相抵，身體下蹲。

同時，兩胳膊趁上勢未衰之餘，向左肩外方，再過顱頂上方，左拳先向臍部下方按住，拳心朝上，左肘抱肋；右手按至右胯，旋向面前（即起點右角）突出，拳眼朝上，低於右肩，沉肩墜肘。雙目平視起點（即右角亦即右拳上方）。

其式如第一百一十三圖。

第一百十三圖　馬步扣邊 定式

回馬加鞭

左足原地不動，右足向前方（起點正前面）趁熱橫開半步，兩足尖均向左方（起點左面），兩足距離二尺七八寸，兩腿彎曲，身體下蹲，成正刂字馬步樁法，左拳在腹部不動人，仍為拳心朝上。

同時，右拳由頭部上方，向前方（起點正前面亦即身體右面）摔下，拳心朝上，右肘右膝上下相照，右拳低於右肩一尺五六寸，成斜坡形，前胸向左方（起點左面），扭項回視右手（即起點正前面）。其式如第一百一十四圖。

第一百十四圖　回馬加鞭

十字披紅

左足再向前方（起點正前面）開一步，足尖觸地，足踵提起，兩足距離一尺四五寸，左足順步，右足斜橫，成提踵子午步，兩腿極力彎曲，身體下蹲，重點移於右腿。

第一百十五圖　十字披紅

同時，左手拳由上蓋下，停於右臂胍窩，兩拳心均朝上，兩胳膊十字交叉，前伸與左足上下相照，低於兩肩八九寸。

身微前傾，丹田後吸，頭頂項豎，雙目平視前方（起點正前面）。其式如第一百一十五圖。

第一百十六圖　獨佔鰲頭

獨佔鰲頭

右足原地不動，左足提起，足尖下垂，足蹠引躺膝。

同時，左手變為勾羅手，向身體左邊伸去，手心朝後，低於左肩八九寸，切不可高，右手變掌，向顱頂上方擢挑，手心朝上，距顱頂六七寸，拇指屈貼掌緣，胳膊彎曲。扣肩含胸，丹田後吸，雙目平視前方（**起點正前面**）。其式如第一百一十六圖。

獨佔鰲頭 變動式

承上式，左足向前方（起點正前面）緩緩落下，足尖觸地，足踵提起，左足順步，右足斜橫，兩足距離一尺四五寸，兩腿極力彎曲，身體極力下蹲，重點移於右腿，成提踵子午步。同時，落至懷中，互抱，右胳膊在內，兩手心均對面部，俟左足落地後，兩手仍歸上式，右手掌仍置頭部上方，左手勾羅手，仍在身後，左手心朝後，右手心朝上，拇指屈貼掌緣。

頭要頂勁，項要豎勁，丹田後吸，雙目平視前方（起點正前面）。其式如第一百一十七圖。

第一百十七圖　獨佔鰲頭
變動式

蒼龍探爪

第一動作

左足先開半步，右足再向前方（起點正前面），開一大步，橫足落地，足尖向右方（起點右面）；左足在後提踵，足尖觸地，兩足距離二尺餘，成丁字拗步形，兩腿極力彎曲，身體極力下蹲。

第一百十八圖　蒼龍探爪
第一動作

同時，兩手掌由頭部上方，向身後雲去，左手停於腹部，右手停於身後，低於右肩約一尺，切不可高，兩手背朝上，拇指各貼掌緣。扣肩含胸，丹田吸勁，目視前方（起點正前面）。此動作已至中央。其式如第一百一十八圖。

蒼龍探爪

定式

承上式，右足先邁一步，左足再向前方開一大步，兩足距離約三尺，左腿屈膝，右腿登直，成斜刂字膠弓後箭步。同時，左手掌由面前膝部，向身後撩去，手心朝上，低於左肩一尺餘，切不可高，手背對臀部，亦約一尺，右手掌直向前方（**起點正前面**）推按，手心朝外，手指微向上豎勁，沉肩墜肘，胳膊微屈。身體隨右胳膊引長，胸要含勁，丹田後吸。

此動作之地點，已至中央前段，止點。雙目平視前方（**起點正前面**）。其式如第一百一十九圖。

第一百十九圖　蒼龍探爪
定式

回馬插花

左足不動，右足向前條一掃膛腿，距左足一尺七八寸，兩足尖朝裏勾勁，兩足踵朝外撇勁，成倒八字步，兩膝極力弓屈，身體極力下蹲。同時，兩手掌由下往上烘托，至面前兩胳膊互抱，右胳膊在外，左胳膊在內，兩手心朝外，兩臂十字交叉，緊對面部，兩肘與兩肩平。胸要含勁，丹田後吸，目視前方。

此式乃過渡法，練習時不停，惟因不易明瞭，特刊一圖，以備參考。其式如第一百二十圖。

第一百二十圖　回馬插花

空手托槍

第一動作

承上式，兩手由頭部上方落下，右手停於右胯，手心朝上，五指分開，如抓圓球式；左手向起點伸出，其時身體已轉至面向起點，左手低於左肩八九寸，拇指食指伸開，餘三指屈貼掌緣，手心朝上，沉肩墜肘。

第一百二十一圖　空手托槍
第一動作

同時，右足不動，左足提起，足尖下垂，足蹠引向右膝。左肘緊貼靠左膝蓋，右胳膊彎曲。含胸貫頂，丹田抱勁。右腿獨立，支拄全身。雙目平視起點。其式如第一百二十一圖。

空手托槍 定式

承上式，左足向起點緩緩落下，足尖觸地，足踵提起，兩足距離一尺五六寸，右足在後斜橫，左足在前順步，兩腿彎曲，身體下蹲，成提踵子午步。

第一百二十二圖　空手托槍 定式

同時，右手掌仍在右胯不動，手心朝上；左手掌向起點推出，手心仍朝上，三指屈貼掌緣，拇指食指分開，左手左足上下相照。左肘左膝上下相照，身微前傾，丹田後吸，頭頂項豎，雙目平視起點。

其式如第一百二十二圖。

青蛇尋路

第一動作

左足先開半步，右足遂即跟進左足，併攏，右足提踵，兩足尖均向起點，兩腿彎曲，兩膝蓋相抵，身體極力下蹲。

同時，右手掌手心翻而朝下，直向起點伸出，手與肩平，手背朝上，手虎口要圓，沉肩墜肘；左手於右手伸出時，由右胳膊下方撤回，撤至臍部停住，手背朝上，手虎口要圓，拇指貼腹部。

身體隨右胳膊引長，頭頂項豎，丹田抱勁，雙目平視起點。其式如第一百二十三圖。

第一百二十三圖　青蛇尋路
第一動作

青蛇尋路　定式

右足先向起點開一步，左足遂即跟進右足，併攏，足尖觸地，足踵提起，兩腿彎曲，兩膝蓋相抵，身體極力下蹲。

同時，左手掌向起點伸出，右手掌由左手胳膊，下方撤回，撤至臍部停住，手背朝上，拇指貼身；左手與左肩平，沉肩墜肘，五指分開，手虎口要圓。

身體隨左胳膊引長，頭頂項豎，扣肩含胸，丹田抱勁，雙目平視起點。

其式如第一百二十四圖。

第一百二十四圖　青蛇尋路
定式

第十章

對面相還　第一動作

左足提起，足尖下垂，足蹠引向右膝，右腿獨立，支拄全身。

第一百二十五圖　對面相還
第一動作

同時，左手掌撤回胸前，由胸前再繞至顱頂上方，手心朝上，拇指屈貼掌緣，距頭部六七寸，左胳膊彎曲，左手變拳曲回胸前，拳眼朝上；右肘斜垂，低於右肩五六寸，切不可高。頭頂項豎，丹田抱勁，雙目平視起點，其式如第一一百二十五圖。

對面相還 定式

左足向起點緩緩落下，足尖觸地，足踵提起，兩足距離一尺五六寸，右足在後斜橫，左足在前順步，兩腿彎曲，身體下蹲，重點移於右腿，成提踵子午步。同時，右手拳向起點突出，低於右肩數寸，拳眼朝上，沉肩墜肘，身體隨右胳膊引長；左手掌仍置顱頂上方，手心朝上，拇指屈貼掌緣，右拳左足上下相照。頭要頂勁，項要豎勁，丹田後吸，雙目平視起點。其式如第一百二十六圖。

第一百二十六圖　對面相還
定式

太極補心

左足向右前方（起點前方右角）橫挪半步，右足遂即跟進左足，併攏，兩足尖向起點右角，身體直立，前胸亦斜向起點右角。

同時，兩手掌由胸前往下按勁，至臍部下方停住，兩手心均朝上，手指相抵，十指分開，手虎口要圓，如托住圓皮球式，兩胳膊彎曲。

扣肩含胸，丹田抱勁，頭要頂勁，項要豎勁，扭項斜視起點左角。其式如第一百二十七圖。

第一百二十七圖　太極補心

第一百二十八圖　雙攬雀尾
第一動作

雙攬雀尾　第一動作

右足向起點左角開一步，左足遂即跟進右足，足尖觸地，足踵提起，兩腿彎曲，彎至極點，兩膝蓋相抵，身體下蹲，至極點。

兩手掌同時向起點左角伸出，用力握拳，拳眼朝上，低於兩肩數寸，兩拳距離亦約八九寸。

頭要頂勁，項要豎勁，丹田後吸，雙目扭視起點左角（即兩拳上方）。其式如第一百二十八圖。

雙攬雀尾 定式

承上式，左足向右前方（起點前方右角）退回一大步，左腿屈膝，右腿伸直，兩足距離約三尺，身體極力下蹲，重點移於左腿。

同時，兩手拳往回捋勁，捋至左拳於腹部相對，右拳距左拳約一尺，兩拳低於兩肩一尺餘，切不可高，兩拳眼仍朝上，右拳距右膝約一尺，身體隨向左腿，兩腿成單邊步。扭項回視起點左角，扣肩含胸，丹田要抱。

其式如一百二十九圖。

第一百二十九圖　雙攬雀尾 定式

魁星獨立　第一動作

左足原地不動，右足提起，足尖下垂，足蹠引向左膝，左腿獨立，支拄全身。

同時，右拳屈回，右肘緊貼右膝蓋，右拳由右膝朝上豎直，拳眼朝外，與右足成一豎三角形；左手掌置於頭部上方，手心朝上，拇指屈貼掌緣，距顱頂六七寸，左胳膊亦要彎曲。

頭要頂勁，項要豎勁，丹田後吸，扭項回視起點左角。

其式如第一百三十圖。

第一百三十圖　魁星獨立
第一動作

魁星獨立 定式

承上式，右足向起點左角伸出一大步，左腿屈膝，右腿伸直，兩足距離約三尺，成單邊步，左腿極力彎曲，身體極力下蹲，重點移於左腿。

同時，右拳由右腿上方，直向起點左角突出，拳眼朝上，低於右肩六七寸，沉肩墜肘，與右腿上下相照；左手掌仍置頭部上方，六七寸，手心朝上，拇指屈貼掌緣，左胳膊亦要彎曲。身微伏，丹田抱勁，扭項回視起點左角。

其式如第一百三十一圖。

第一百三十一圖　魁星獨立 定式

高頭探馬

右足向起點右角橫邁一步，距左足一尺七八寸，兩足尖均向右方（起點右角），兩腿彎曲，重點移於左腿，身體下蹲。

同時，右拳翻至掌心朝上，隨著左腿向起點右角橫擂，與右足上下相照，低於右肩數寸，沉肩墜肘；左手拳緊貼臍部左邊，拳心朝上，左肘抱肋。扣肩含胸，丹田後吸，頭項項豎，雙目平視起點右角。

其式如第一百三十二圖。

第一百三十二圖　高頭探馬

走馬活挾

右足作轉軸，轉至足尖向起點

左角，左足趁勢旋起，即向起點左角開一大步落地，左腿屈膝，右腿登直，兩足距離約三尺，成前弓後箭步。

左足旋起時，左手掌隨著打一盤旋，往裏勒勁，順右胳膊下方，向右脇捋回，手背朝上，手虎口要圓，拇指貼身，左肘抱肋；同時，右手掌由左手上方，直向起點左角推出，手心朝前，手虎口要圓，微高於肩，沉肩墜肘，如弓形，又如半月形。

身體隨右胳膊引長，身微前傾，兩足與前胸均向起點左角，雙目平視右手虎口上方（亦即起點左角）。其式如第一百三十三圖。

第一百三十三圖　走馬活挾

拗步橫擺　第一動作

右足由左足後，向起點倒退一步，足踵向起點，左足在前方微橫，足尖朝外撇勁，撇至直向左方（**起點左面**），兩足距離一尺四五寸，其時身體已轉至面向前方（**起點正前面**），兩腿微屈，兩足成丁字拗步形。同時，左手掌由胸前上穿，右手掌由左手外方下按，均在胸前互抱，左臂貼緊右臂脈窩，兩手心朝裏，均對面部，拇指屈貼掌緣，目視前方（**起點正前面**），頭要頂勁，項要豎勁，丹田要抱。其式如第一百三十四圖。

第一百三十四圖　拗步橫擺
第一動作

拗步横擂

第二動作

承上式，左足提起，足尖下垂，足蹠引向右膝，右腿獨立，支拄全身。同時，左手掌由右耳旁，穿至頭部，再向身體左邊落下，變為勾羅手，手心朝後，低於左肩八九寸，切不可高；右手掌由左肩下按，按至左胯，再向右胯挑擢，趁勢不停，直向頭部上方挑去，距顱頂六七寸，手心朝上，拇指屈貼掌緣，胳膊彎曲。

頭要頂勁，項要豎勁，丹田要抱，雙目平視前方（起點正前面）。其式如第一百三十五圖。

第一百三十五圖　拗步横擂
第二動作

拗步橫擂　定式

承上式，左足向前方（起點正前面）緩緩落下，足尖觸地，足踵提起，兩足距離一尺四五寸，左足順步，右足在後斜橫，兩腿極力彎曲，身體極力下蹲，身體重點移於右腿，成提踵子午步，左足尖向正前面。

同時，兩胳膊向懷中互抱，右胳膊在內，左胳膊在外，十字交叉，兩手心均對面部，左足落地後，兩手掌仍歸上式原樣，左手勾羅手，仍在左邊身後，右手掌仍置顱頂上方，手心朝上，拇指屈貼掌緣。頭要頂勁，頂要豎勁，丹田後

第一百三十六圖　拗步橫擂
定式

吸，雙目平視前方（起點正前面）。其式如第一百三十六圖。

右擄手

以下三個動作，均在中央前半段，微偏右方，再過門即至後段。

承上式，右足向前方（起點正前面），開一步，橫足落地，足尖向右方（起點右面）；左足在後提踵，足尖觸地，兩足距離二尺餘，兩腿彎曲，兩足成丁字拗步形。同時，左勾羅手，變掌落至左胯，手背朝上；右手由面前向右胯按下，手背亦朝上，兩手距兩胯，各約數寸。垂肩含胸，丹田抱勁，向右扭項，回視右手。其式如第一百三十七圖。

第一百三十七圖　右擄手

黑虎坐洞

承上式，左足再向前方（**起點正前面**）開一大步，兩足距離二尺六七寸，兩足尖均向右方（**起點右面**），兩腿極力彎曲，身體下蹲，成正刂字馬步樁法。同時，左手掌由顱頂上方，向右肩蓋下，再往左胯外方按下，兩手背朝上，手指各向兩胯，距離五六寸。兩肩垂扣，丹田後吸，扭項回視前方（**起點正前面**）。其式如第一百三十八圖。

第一百三十八圖　黑虎坐洞

仙人指路　第一動作

右手掌舉起向左肩外下按，由

左胯再往右胯擺去，擺至右胯，直向上挑，手指朝上，微高於肩；同時，左手掌於右掌至面前時，亦由胸前向右肩裏端往上穿去，穿至顱頂，再向身體左邊落下，仍變勾羅手，手心朝後，低於左肩八九寸，切不可高。

第一百三十九圖　仙人指路
第一動作

同時，右足提起，足尖下垂，足蹠引向左膝。右肘抵住右膝，右胳膊弓屈，沉肩墜肘，如半月形，手心朝裏，手背朝外，拇指屈貼掌緣。垂肩含胸，丹田後吸。左腿獨立，支拄全身。

雙目平視起點（即右手上方）。其式如一百三十九圖。

仙人指路　收式

承上式，右足向起點緩緩落下，足尖觸地，足踵提起，兩足距離一尺四五寸，右足在前順步，左足在後斜橫，兩腿極力彎曲，身體極力下蹲，重點移於左腿，成提踵子午步。

第一百四十圖　仙人指路
收式

同時，右手掌向起點按切，手與肩平，沉肩墜肘，手心朝裏，拇指屈貼掌緣，四指併攏，右手右足，上下相照，右肘右膝，亦上下相照。

此式亦如鶴行，扣肩含胸，丹田抱勁，雙目平視起點（即右手上方）。其式如第一百四十圖。收式。

附 秘宗名人軼事

孫通

吾邑之國術，分兩大支派，其他習武術者，則皆獨樹一幟，遍地皆是，未能一一敘述。兩大支派中，白兔鎮之長拳，為最盛。以姚官屯鎮，孫通大師所傳之秘宗，為最廣。因白兔鎮之長拳，僅其全鎮楊姓者，遞相授受，外人雖有習其技者，然多不得個中三昧。若孫通所傳者，不惟滄州全縣各村鎮宗之，即靜海、青縣、天津、河間、各州縣，以及關外、東三省、山東山西，均有孫之嫡傳。

今秘宗勢力之範圍，且普遍大江南北。其所以足資研習者，實具有藝術之價值，與相當之地位在焉。靜海霍元甲氏之祖，為孫氏晚年所授，故其藝亦獨到。霍氏來海上，以秘宗藝聞於天下，精武會之發達，皆霍氏之功也。余嘗謂孫氏之藝，已遍各省，其人雖沒，而其藝實存在，亦如其人之不沒也。茲記其事略如下。

其一

孫通字季寬，有清雍正初年人，原籍魯之岱岳。拜兗州張姓為師，時乾隆七八年，孫方弱冠，從張師數年，盡得其傳，仍不自滿，辭師遨遊，藉訪能者；又數年，技益進，輾轉入少林，得明之遺族，而剃度者某上人為師，居山十餘年。凡上人所知，悉授之孫，繇斯孫之藝，乃集其大成，蓋已登峰造極，而入化境，練成鐵腿，精陸地飛行術、點穴法、擒拿術、卸骨法，及推拿按導術。下山後回魯，道經兗州，往拜其師張姓者。適張因事遠遊，其女張玉蘭在家，出任招待。

當孫隨張習藝時，玉蘭年方七八歲，今則藝已精通，頗有驕傲之氣，詢孫之所學，造詣如何。孫舉別後情形以告。玉蘭之不信，且斥其妄，堅請較技。孫因其父不在家，未之許。玉蘭益氣忿，一再欲較。

孫允示意而罷，遂至院中比試。初則孫略招架，因曾受師恩，未肯遽用點穴卸骨以創之。玉蘭疑孫技止此，大凡女兒心皆好勝，益猛攻不退。孫稍稍還手，用秘宗藝中之按掌（即今之走馬活挾、蝴蝶穿花、神龍探爪之手法）微按玉蘭之胸，遂顛仆丈外。孫則上前援起，並深揖道歉。玉蘭惱羞成怒，由牆上摘刀追趕，孫越屋而走，玉蘭跟蹤不舍，必欲得而甘心，連越十餘家房屋，至一房脊，後無退路，玉蘭直刺孫之咽喉。孫側身避過由外門擺蓮一腿，將玉蘭踢出丈餘，連人帶刀，翻落牆下，孫乘機逃往青州，授徒為生云。

其二

張玉蘭既為孫通所敗，當時遍覓不得，遂怏怏返家。後數月其父返家，玉蘭舉以告其父，其父亦一笑置之。逾一載，玉蘭聞孫授徒青州，遂挾資往尋，意在復仇，手單刀袖箭，而背負彈弓。至則孫之弟子通報，孫戒備而出。

初見而即以袖箭連襲孫之咽喉，孫讓過，趁勢縱上房而逃。玉蘭苦追趕，孫以師故，處處避讓，玉蘭以為怯也。時近薄暮，追至一山，孫忽不見，玉蘭遍搜，至半山有一古廟，孫匿其屋脊休息，為玉蘭所見，屢發彈丸，皆為孫撥開。孫逃至一山峰，意玉蘭不能跟蹤，迨回首玉蘭已至面前，持刀追來。孫則後退，退至一絕峰，下即數十丈深之山澗，再退無路。適為玉蘭逼近，以刀向孫之前胸刺來，在此千鈞一髮，孫側身後吸，讓過刀鋒，趁勢用右擄手，捋住玉蘭右腕，借玉蘭前攻之力，只向後微微一帶，玉蘭前撲，力太猛無法收住，連人帶械，直向山澗滾下。孫再回身挽救，已來不及，玉蘭已摔成肉餅。

孫懊悔萬狀，乃由臨淄、濱州、武定、陽信、鹽山，而至滄州，即在姚官屯鎮授徒，遂家焉，今其子孫已凌夷矣。

其三

孫自遷居滄州，娶妻生子，隱於鄉間，授徒自給，人稱萬能手，又名鐵腿孫通。凡滄屬李寨、李村、王徐莊、呂家橋、孫家莊，以及城廂各地，皆設有專門武術場，往來教授，日無暇晷。其子孫思敬，亦能傳其衣缽。在滄所傳之弟子，最得意者，為孫家莊陳善（係孫之大弟子，余姑丈陳玉山先生之祖父），如點穴、卸骨、推拿按導（余叔德泰公為陳善先生之子、陳廣智先生之弟子，得推拿按導術，至今遠近百里，內患錯筋斷骨之傷者皆往求治）。凡孫所能者，悉授之陳。其餘如李實，僅得孫之大槍術，及拳械，八里屯楊鴻賓，得孫之卸骨法（今其孫楊殿元，年未五十，仍健在）。又本屯王繼武，亦僅得大槍術與拳械。余曾祖廷舉公拳械獨精，惟點穴、卸骨、推拿按導，均付闕如。遞沿至今，秘宗藝若斷若續，殊可慨也。

孫授技於李寨時，一日，有五台和尚來訪，交手數合，為孫用按掌，由院內擊出於牆外。和尚未肯輸服，復交手，不數合，和尚用纏手，欲擊破孫之按掌，孫進以腿，和尚又騰跌於丈外，起而他去，頻行期以五年再會。後孫授技於靜海衛南窪等處。

一日，其徒通報，有一和尚在門外相訪。詢以形狀，徒曰膀大腰圓，面膝黑如鍋底，滿臉橫肉，頭面光亮如鏡，背負黃袱，肩擔月牙鏟，鏟頭朝下。孫微頷首，倒拖屣出門相迎，見面長揖一聲：「久違了。」尚未脫口，和尚之鏟，直向孫之足鏟去。

孫赤足後縱，兩屐已為鏟斷，微伸右手食指，輕點和尚左肩窩，和尚已目瞪口呆，不能轉動矣。後經多人勸解，始令其恢復原狀。和尚心折，低頭便拜，收為弟子云。

陳　善

陳善，滄州孫家莊人，為孫通大師之入室大弟子。凡孫之所能，悉授之陳，因陳為人忠厚誠篤，其聰明智慧，亦獨異其他門人，故孫欲藉之以傳衣鉢。技成隱於鄉，授徒自給，然不以技炫。

一日，有魯人來訪，咵聲野氣，頗不為禮。魯人善鐵砂手，又善金鐘罩，力大無比。飯後散步，見門外照壁高丈許，厚三尺，魯人以拳捶之，壁洞半尺餘，再捶再洞。

善笑曰：「朋友功夫絕倫，令人欽佩。」魯人狂笑，以為怯也。善即以手輕按壁之下段，亦塌焉。

魯人始大拜服，訂交而去。後因事進城，為城人所窘，五六人圍之而毆，善兩手抱頭受之，未幾，城人手腫痛不可遏，知有異，正在紛擾間，而城內技擊名家李鳳崗至。李與陳為莫逆交，其技與陳亦在伯仲之間。見而大罵城人瞎眼。城人始知為陳，環跪乞恕，並懇醫手。善一一撫摩之，皆鼠竄而去。

其門弟子，不下數百人，皆有相當技能。以點穴法，授城內興隆煙店于長生（今年已九十仍健在），以卸骨推拿，授其子陳廣智；廣智復傳其子陳玉山，玉山即余姑丈也。玉山公傳其子，鳳魁、鳳歧、鳳儀，皆能勿墜其家風云。

蓮闊和尚

蓮闊和尚，為孫家莊白衣廟之方丈。幼從陳廣智習秘宗，頗得個中三昧，益以除誦經外無他事，功益勤，至中年，技已大成。顧其人好勇性暴，不類僧人。時城北水月寺，峻工，演戲開光。

一日，來一鬻技者，器械解明，人亦雄偉，口出大方，以手碎石，末則謂：「久仰滄州大名，今余來此已三日，未見有一知技者，可見徒有虛名。如有能者，不妨請來領教。」適蓮闊過其旁，聞而大怒，脫衣進內，謂：「爾後生小輩，前途正遠，竟敢蔑視天下士，真妄人也。余願奉陪。」鬻技者亦怒，遂交手。未數合，蓮闊突變著法，以手明攻，以腿暗襲，鬻技者為所乘，由觀者顱頂，擲出於圈外。蓮闊笑曰：「余不與爾為難，速拾爾械他去，天下之大，能人夥矣。後幸勿乃爾。」

蓮闊今年已八十餘，仍如五六十歲人。余客歲回籍掃墓，曾往謁之。其徒秀峰，亦頗能繼武云。

孫八

孫八者，余姑丈玉山公之弟子也，拳械均有深造，得玉山公擒拿秘訣，名噪一時，遠近武術社會，爭延聘之，孫亦自負，故滄州東南鄉一帶，無不知有孫八師傳者。數年前，孫本村有名于敦和者，出外多年，歷充陝甘某軍技擊教官，年六十四，其力遠勝壯年。

回籍後，村人知其技精，皆往請益。孫亦以子侄輩常往還，然於屢顯其技以辱孫，孫難隱忍之；於則一再而三，孫以本村人，受辱於長者，亦何妨，顧于必顯已滅人而後快。

一日，孫之徒某延客，在座均知技者。酒半酣，于曰：「爾輩習技，何足為奇，正所謂隔靴搔癢，差得遠矣。」一面說，一面目視院中捶布石。捶布石者，北人家家必須之物也，約一百二三十斤不等。于則以右手握其一邊，捶布石起於顱頂，以滿貯茶水之杯，置於上，不稍傾側，手環繞院中一匝，取杯擲石於地。坐客無不咋舌，驚為神力，度其握石之力，千斤不止。

于狂笑謂孫曰：「爾擒拿術，能否經我一握？」孫遜謝答曰：「不敢。」復飲酒，已有醉意。于遽伸手握住孫之左腕，大聲呼曰：「請你破我一把。」孫亦忍無可忍，又懼其力不逮，勉應曰唯，即按住于之脈窩，及右臂小環，旋按旋問曰：「可否？」于曰：「否，差得多矣。」再接再扣，至其力完全貫注，孫則大喝一聲曰：「你跪下罷。」

于敦和腕斷骨折，倒仆於炕沿下，額汗如珠，惱羞成怒，復以左手握孫。孫仍欲擒拿，而為在座年長者勸開。于養傷月餘，去而之他。客歲回籍，詢于之蹤跡，據知者云，隱於津門，以營業為生云。

楊鴻賓

楊鴻賓，滄之八里屯人，亦孫通之弟子，得孫之卸骨法。因其於兄弟行年最幼，人皆呼楊老台爺。

一日進城，誤觸推水車夫。車夫大怒，即以撐車棍擊楊之顱頂。楊以手中揚扇撥之，棍落而腕折；復以扇微指車夫之肩窩，車夫之膀卸焉。未幾，其他推水車夫大集，各以撐車棍進攻，楊以扇禦之，撐車棍橫飛於屋頂，車夫卸胯卸肘者，不計其數。

後有識者曰：「此楊老台爺，爾輩胡鬧。」盍環請恕罪，楊以扇輕按傷處，始復原狀。

事聞於邑紳劉鳳舞，以重金聘為鏢師。咸豐三年，洪楊餘黨陷滄州，屠戮全城，劉宅被圍，楊與王繼武等，守前門，敵攻竟日未得入。逾日攻進，為楊卸骨者數十人，王等以槍戮死者又數十人，是役也，鏢師悉殉難，故楊氏子孫，迄今猶沾劉紳餘潤焉。

王繼武

五繼武，與楊鴻賓同相里閈，為孫通之弟子，得大槍術甚精，與楊鴻賓同為劉鳳舞家鏢師。當發逆攻陷滄州時，王等死守劉宅，後為所破，王持大槍當門立，連挑數十人，卒以眾寡不敵，為賊砍為肉醬。

其妻寡居，劉紳贈田五十畝，每年四季另發糧米。余年八九歲時，其妻年已八十餘，精神矍鑠，恍如四五十歲人，至一百零五歲始沒，村中人皆以王五婆子呼之云。

姜廷舉

余曾祖廷舉公，亦孫之弟子，大槍短兵，無一不精。其時旗人勢甚張，因地畝致起衝突。旗族數十人，余家僅廷舉公一人知技。旗人圍宅數匝，廷舉公一躍而出，適為敵者以鋼叉刺來，地勢已迫近牆沿，後退無路，衣服為叉刺破，廷舉公手持木鐗，由裏門開出叉頭，順叉杆直劈敵人頭部，腦漿迸流死焉；復鬥傷十餘人，遂成訟。

是時旗人勢大，余家因斯蕩產。後廷舉公進城觀劇，與仇家遇。仇家糾合數十人，圍而攻之。廷舉公且戰且走，連傷若干人，終未為仇所傷云。

中華民國十九年五月印刷
中華民國十九年五月出版

寫眞秘宗拳（全一册）
（每部定價洋一元二角）
（外埠酌加郵費匯費）

編輯者　滄縣　姜容樵
校閱者　李芳辰　張兆東
參校者　李霖春　姚馥春
發行者　世界書局
印刷者　上海大連灣路　世界書局

發行所　上海四馬路　暨各省　世界書局

歡迎至本公司購買書籍

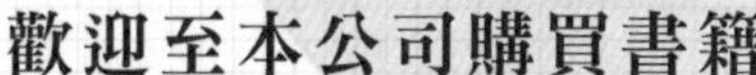

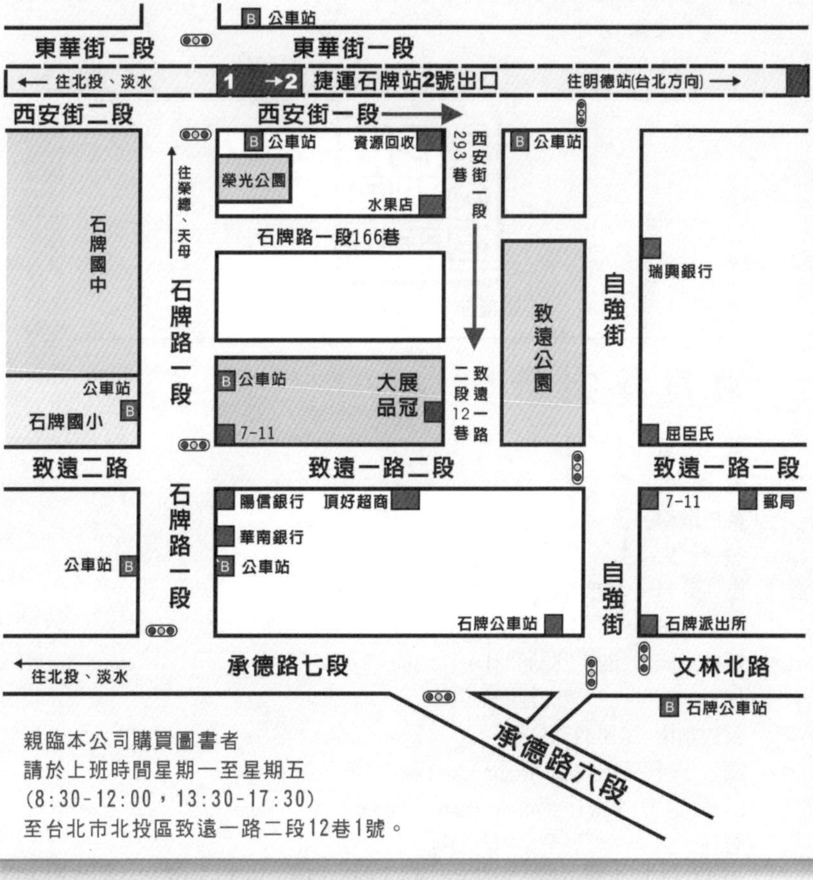

親臨本公司購買圖書者
請於上班時間星期一至星期五
(8:30-12:00，13:30-17:30)
至台北市北投區致遠一路二段12巷1號。

建議路線

1. 搭乘捷運

淡水信義線石牌站下車，由月台上二號出口出站，二號出口出站後靠右邊，沿著捷運高架往台北方向走(往明德站方向)，其街名為西安街，約80公尺後至西安街一段293巷進入(巷口有一公車站牌，站名為自強街口，勿超過紅綠燈)，再步行約200公尺可達本公司，本公司面對致遠公園。

2. 自行開車或騎車

由承德路接石牌路，看到陽信銀行右轉，此條即為致遠一路二段，在遇到自強街(紅綠燈)前的巷子左轉，即可看到本公司招牌。

國家圖書館出版品預行編目資料

寫真秘宗拳／姜容樵　著

——初版——臺北市，大展，2018[民107.03]

面；21公分——（老拳譜新編；36）

ISBN 978-986-346-200-2（平裝）

1.拳術　2.中國

528.972　　106025454

寫真秘宗拳

著　　者／姜　容　樵
校 點 者／常　學　剛
責任編輯／王　躍　平
發 行 人／蔡　森　明
出 版 者／大展出版社有限公司
社　　址／台北市北投區（石牌）致遠一路2段12巷1號
電　　話／(02) 28236031・28236033・28233123
傳　　真／(02) 28272069
郵政劃撥／01669551
網　　址／www.dah-jaan.com.tw
E-mail／service@dah-jaan.com.tw
登 記 證／局版臺業字第2171號
承 印 者／傳興印刷有限公司
裝　　訂／眾友企業公司
排 版 者／千兵企業有限公司
授 權 者／山西科學技術出版社
初版1刷／2018年（民107）3月

定　價／250元